Edition
DE'IGNIS
Lebensberatung

hänssler

Ute Horn & Winfried Hahn

Baustelle Erste Liebe

Mit Teenagern
über Freundschaft, Liebe
und Sexualität sprechen.
Ein Infobuch

Dr. Ute Horn ist von Beruf Ärztin für Haut- und Geschlechtskrankheiten und seit 25 Jahren verheiratet. Zusammen mit ihrem Mann Thomas hat sie sieben Kinder. Sie war 10 Jahre in einer überkonfessionellen Ehe- und Familienarbeit tätig und wird immer wieder zu Seminaren und Vorträgen als Referentin eingeladen. Ihr Hauptthema ist seit mehreren Jahren: »Freundschaft, Liebe und Sexualität«. Sie hält Workshops für Teenager in Schulen, Jugendgruppen und Gemeinden sowie Vorträge und Wochenendseminare für Jugendleiter, Seelsorger und Interessierte. Sie ist Autorin der Bücher: »Ich will dir treu sein – Partnerschaft, die ein Leben lang hält« und »Leise wie ein Schmetterling – Abschied vom fehlgeborenen Kind«.
Winfried Hahn ist Pastor und Pädagoge, verheiratet mit Ulrike und Vater von zwei Kindern, Damaris, 23 Jahre und Daniel, 22 Jahre alt. Er war Pastor in mehreren freikirchlichen Gemeinden, studierte Pädagogik und machte eine Ausbildung zum Christlichen Therapeuten. Heute leitet er das DE'IGNIS Wohnheim – Haus TABOR zur außerklinischen psychiatrischen Betreuung und den Fachausschuss Theologie am DE'IGNIS Institut für Psychotherapie und Christlichen Glauben. Als Pastor im übergemeindlichen Dienst hält er Predigten, Vorträge und Seminare im In- und Ausland.

2. Auflage 2006
Hänssler-Paperback
Bestell-Nr. 394.434
ISBN 3-7751-4434-X

Internet: www.haenssler.de
E-Mail: info@haenssler.de
Umschlaggestaltung: Jens Beilharz
Titelbild: MEV-Archiv
Satz: Vaihinger Satz + Druck, Vaihingen/Enz
Druck und Bindung: Ebner & Spiegel, Ulm
Printed in Germany

ecpa International Member of the Evangelical Christian Publishers Association

Dieses Buch widmen wir allen
Teenagereltern, Pädagogen, Pastoren und Jugendleitern.

Inhalt

Danke

Als Erstes möchte ich meiner Familie danken, die mich in den letzten Jahren immer wieder ermutigt und freigegeben hat, Vorträge und Seminare zu halten. Ohne ihre Unterstützung hätte ich diesen Dienst nicht tun können. Mein Mann Thomas und unsere Tochter Christine haben das Manuskript überarbeitet. Danke für eure Ehrlichkeit, Liebe und Zeit. Ganz herzlich möchte ich mich bei unserer Tochter und unseren sechs Söhnen Andreas, Daniel, Josua, Marcel, Pascal und Benjamin bedanken, dass ich über viele Situationen aus ihrem Leben und über gemeinsame Diskussionen in diesem Buch erzählen durfte. Ihr habt mir die Augen für die Sehnsüchte und Bedürfnisse der neuen Generation geöffnet.

Danken möchte ich auch Herrn und Frau Kampa, die ihr Wohnzimmer zur Verfügung gestellt haben, damit ich referieren konnte. Sie wurden nicht müde, Einladungszettel zu drucken und immer wieder neue Jugendliche und Erwachsene anzusprechen. Ihre Begeisterung für das Thema hat mir Mut gemacht.

Mein besonderer Dank gilt Herrn Reismann, Konrektor der Maria-Montessori-Gesamtschule Krefeld, der mit mir das Konzept erarbeitete und mir mit viel pädagogischem Geschick die Fragen der Jugendlichen vor Augen malte. In seiner Klasse wurde das erste Seminar für Jugendliche so durchgeführt, wie ich es bis heute referiere.

Sigrid Scheuenstuhl von der Deutschen Gesellschaft für christliche Psychologie e. V. Ignis und Winfried Hahn von DE'IGNIS, Institut für Psychotherapie und christlichen Glauben, waren maßgeblich daran beteiligt, dass ich die Möglichkeit bekam, Wochenendseminare in ganz Deutschland für Jugendleiter, Seelsorger und Interessierte zu halten. Vielen Dank für euer Vertrauen.

Ute Horn

Als die Anfrage des Verlags an uns gerichtet wurde, gemeinsam ein Buch zu schreiben, habe ich spontan zugesagt. Das vorgeschlagene Thema ist gerade in unserer Zeit von äußerster Wichtigkeit und mir persönlich ein Herzensanliegen. Ich kenne Ute Horn und ihre Familie von mehreren Treffen und gemeinsam gestalteten Seminaren sehr gut und so hatten wir uns schnell auf die inhaltlichen Grundlinien verständigt.

Die Linienführung und inhaltliche Ausgestaltung des Buches stammt von Ute Horn, mein Part besteht aus wesentlichen Teilen in Kapitel 7 und 8.

Mein Dank gilt Ute Horn für die Bereitschaft zur Zusammenarbeit mit mir in diesem Bereich und dem Hänssler-Verlag für seine Anfrage. Es ist unser Wunsch, dass die Inhalte dieses Buches in unserer Zeit neu entdeckt und weitergegeben werden.

Winfried Hahn

Unser gemeinsamer Dank gilt Ute Mayer, die das Buch kompetent lektoriert hat.

Vorwort

Viele Teenagereltern sind in der Erziehung verunsichert. Sie kennen oft aus eigener Erfahrung die autoritäre Erziehung, die wenig Spielraum zur eigenen Persönlichkeitsentfaltung zuließ. Sätze wie: »So lange du deine Füße unter meinen Tisch stellst, hast du zu tun, was ich sage!« sind ihnen noch in lebhafter Erinnerung. Oft sind sie dann ausgebrochen und haben selbst versucht, Beziehungen ohne Zwang zu leben. Jetzt stehen sie vor der Herausforderung, ihre Kinder ins Erwachsenenleben zu begleiten. Manche Eltern erlauben ihren Teenagern fast alles und vertrauen, dass die junge Generation selbst weiß, was für sie gut ist. Sie stellen keine Regeln auf und hoffen, dass alles ohne Probleme verläuft. Für viele Eltern kommt die Pubertät auch überraschend. Gerade noch war ihre Tochter ein kleines, verspieltes Mädchen und plötzlich über Nacht kleidet sie sich wie eine junge Dame. Gestern habe ich noch im Brustton der Überzeugung gesagt, dass mein Sohn alle Mädchen doof findet, und heute sehe ich, wie er verliebt seiner Klassenkameradin hinterherschaut. Ich muss an eine Mutter denken, die wir zu einem Vortrag einladen wollten. Sie winkte ab mit den Worten: »Das hat noch ein Jahr Zeit. Unsere Tochter ist doch erst 13 Jahre alt.« Als wir sie dann ein Jahr später wieder einluden, schaute sie uns traurig an und sagte: »Es tut mir Leid, Sie sind zu spät, meine Tochter hat uns vor vier Wochen gestanden, dass sie schwanger ist.«

Wie kann heute eine zeitgemäße Erziehung aussehen? Kinder brauchen die wegweisenden Gespräche mit ihren Eltern. Deshalb ist es gut, sich frühzeitig damit auseinander zu setzen, was man der neuen Generation an guten Gedanken mitgeben will. In den Seminaren habe ich immer wieder erlebt, wie dankbar die jungen Leute waren, dass ich mir Zeit nahm, auf die vielen Fragen zu antworten. Viele von uns haben unseren Eltern vorgeworfen, uns nicht aufgeklärt zu haben. Mögen unsere Kinder in uns Ansprechpartner für ihre Fragen finden, damit sie uns nicht später einmal den gleichen Vorwurf machen.

Ute Horn

P.S.: Die in diesem Buch zur Illustration meiner Ausführungen beschriebenen Erlebnisse sind wirklich passiert. Ich habe jedoch zum Schutz der einzelnen Personen die Namen und Orte geändert.

Einleitung

Als unsere Tochter in die Pubertät kam, machte ich mir viele Gedanken über das Thema »Freundschaft, Liebe und Sexualität«. Ich dachte an meine eigene Teenagerzeit. Diese aufregende Zeit, in der man glaubt, dass das Leben jetzt erst richtig anfängt und fragte mich, was ich meiner Tochter mit auf den Weg geben wollte. So lud ich einige Frauen zu mir nach Hause ein, um mit ihnen über meine Gedanken, unsere eigene Jugendzeit, unsere Erziehung und unsere Erfahrungen zu sprechen. Es wurden zwei intensive Stunden. Es folgten mehrere Vorträge am Morgen nur für Frauen, danach abends auch für Männer und berufstätige Frauen. Als die ersten Jugendleiter und Lehrer unter den Zuhörern waren, entstand die Idee, dieses Konzept mit den Jugendlichen selbst zu besprechen. Manchmal fragten auch Eltern nach einem Abend, wann sie ihre Kinder schicken dürften. So fand das erste Seminar zu diesem Thema mit den eigenen Kindern und Freunden der Kinder statt. Dann wurde ich in Jugendgruppen verschiedener Gemeinden eingeladen und zusammen mit einem Lehrer entwickelte ich ein Seminar über 6 Unterrichtsstunden, das erstmals in der 9. Klasse unserer Tochter gehalten wurde. Als ich mehr als 100 Seminare gehalten hatte, fragte mich unsere Tochter: »Mama, ist das denn nicht langweilig? Immer das gleiche Thema?« Nein, es wird nicht langweilig! Sobald ich vor den Jugendlichen stehe oder mit Eltern ins Gespräch komme, spüre ich neu eine Begeisterung für dieses so wichtige Thema und eine Liebe für die junge Generation. Mein Mann und ich haben viele Eheabendkurse gehalten. Oft fragten Menschen: »Warum höre ich das denn heute erst? Wir hätten uns so viele Verletzungen ersparen können, wenn wir das vorher gewusst hätten! Für alles macht man Ausbildungen, nur nicht dafür, wie man in Beziehungen lebt.« Ich möchte dazu beitragen, dass unsere jungen Leute nicht später einmal denken: »Das hat mir niemand gesagt.« Unsere Kinder scheinen zwar durch Medien und Schule sehr gut aufgeklärt zu sein, aber das ersetzt nicht das Gespräch zwischen Eltern und Teenagern. Viele Jugendliche geben vor, viel zu wissen, aber wenn sie hinterfragt werden, ist man oft überrascht, was sie doch alles nicht richtig verstanden haben.

In Kapitel 1 möchte ich Ihnen Mut machen, den Marathon der Kindererziehung nicht vorzeitig zu beenden. Unsere Jugendlichen brauchen diskutierfreudige Erwachsene, die bereit sind, sich und ihre Werte hinterfragen zu lassen. Helfen Sie Ihren Kindern, im Leben Ziele zu setzen. Das Kapitel 2 beschäftigt sich damit, welche Fähigkeiten unsere Jugendlichen schon haben und welche sie noch entwickeln sollten, damit Freundschaften und spätere Partnerschaften gelingen können. Anschließend möchte ich in Kapitel 3 darlegen, wie sich Beziehungen zwischen den Geschlechtern entwickeln. »Was ist Verliebtsein? Ist es wahre Liebe? Worum geht es bei sexueller Liebe? Wie wichtig ist die freundschaftliche und selbstlose Liebe für die Dauer einer Beziehung?« Dies sind Fragen, die Teenager beschäftigen und die beantwortet werden sollen. In Kapitel 4 möchte ich verdeutlichen, in welcher Welt unsere Jugendlichen leben und wie sie durch Reklame, Filme und Zeitschriften geprägt werden. Die Auswirkungen der Revolution der 68-er, die Einführung der Antibabypille und die Überbetonung der Sexualität werden dargestellt. In Kapitel 5 geht es darum, Jugendliche in ihrem Wunsch nach sexueller Gemeinschaft ernst zu nehmen, ihre Argumente zu verstehen und mit ihnen darüber zu reden. Ausführlich behandele ich in Kapitel 6 Argumente, mit dem Geschlechtsverkehr zu warten, bis sie den Menschen gefunden haben, mit dem auch eine dauerhafte Beziehung möglich ist. Kapitel 7 möchte Ihnen Mut machen für Gespräche mit Ihren Töchtern und Söhnen. Was sagt die Bibel zu vorehelichem Geschlechtsverkehr? Gibt es Hilfen zum Umgang mit der eigenen Sexualität? Was rät die Bibel den jungen Leuten? Diese Fragen werden in Kapitel 8 beantwortet. Der Staat gibt Richtlinien im Jugendschutzgesetz und im Sexualstrafrecht. Auszugsweise wollen wir uns damit in Kapitel 9 beschäftigen. Wie die Inhalte dieses Buchs mit in den Sexualkundeunterricht integriert werden können und wie man Jugendtreffen zu dem Thema gestalten könnte, steht in Kapitel 10. Im letzten Kapitel werden noch einige wichtige Gedanken zu den Fragen: »Was ist Ehe? Und wann beginnt Ehe?« behandelt, weil diese Fragen immer wieder gestellt werden. Am Ende des Buches finden Sie noch weiterführende Literatur.

Nun wünschen wir Ihnen viele Mut machende Gedanken. Es ist ein Vorrecht, Kinder ins Erwachsenenalter begleiten zu dürfen. Viele Samen, die man unter Tränen gesät hat, gehen später auf, wenn die eigenen Kinder selbst Eltern geworden sind. Diesen Weitblick sollten wir nicht aus dem Auge verlieren.

Kapitel 1

Auch in der Pubertät Eltern bleiben

Teenager sein bedeutet ein Stück weit festgehalten zu sein in kindlichen Verhaltensmustern, sich aber schon auf dem Sprung ins Erwachsenenalter zu befinden. Diese Spannung ist oft schwer zu ertragen. Für einen selbst, aber auch für die anderen, die einen begleiten. Ich kann mich noch lebhaft an viele Auseinandersetzungen mit meiner Mutter erinnern. Ich war 16 Jahre alt, sehr lebenshungrig und neugierig zu erforschen, was hinter der Kinderzimmertür auf mich wartete. Oft endeten die Diskussionen mit Tränen auf beiden Seiten. Eines Tages brach es aus meiner Mutter heraus: »Meinst du, mir macht das Spaß, dich zu erziehen? Ich hätte es auch einfacher, wenn ich dir alles erlauben würde, aber dazu habe ich dich viel zu lieb.« Diese ehrlichen Worte meiner Mutter sind mir im Gedächtnis geblieben und ich habe sie auch unseren Kindern schon öfters gesagt, wenn ich mal wieder am Ende meiner Kräfte war.

In Liebe Grenzen setzen

Aus Liebe »nein« sagen, Grenzen setzen, Verbote aussprechen, Unverständnis ernten oder sogar Anklagen, Ablehnung bis zu Hass ertragen – das gehört mit zur Teenagererziehung. Mir hilft dabei, immer wieder an das Ziel zu denken, das wir uns als Eltern für unsere Kinder gesteckt haben. Sie sollen reife Persönlichkeiten werden, die in Verantwortung vor sich, den Mitmenschen und Gott handeln.

Sind Sie bereit Ihr Kind durch Verbote zu schützen?

Als unser Sohn seinen 5. Geburtstag feierte, fuhr er mit seinem Dreirad immer wieder einen Abhang hinunter, an dessen Ende ein Gitterrost lag. Er hatte sehr viel Spaß dabei. Ich beobachtete ihn und hatte ein ungutes Gefühl in der Magengegend. »Eigentlich sollte ich es ihm verbieten«, dachte ich, aber ich tat es nicht. Ich genoss sein Jauchzen. Es ging 15 Mal gut, doch dann bremste das Dreirad am Gitterrost und er flog in hohem Bogen über das Dreirad und lag weinend auf dem Gitterrost. Unter dem

Kinn hatte er eine stark blutende und klaffende Wunde. Ich lief zu ihm, nahm ihn auf den Arm und weinte. Mit großen Augen schaute er mich an und fragte: »Mama, warum hast du mir das nicht verboten? Hast du nicht gewusst, dass das gefährlich ist?«

Können Sie nachempfinden, wie ich mich gefühlt habe? Absolut schuldig. Die Schmerzen und Tränen meines Sohnes konnten durch die Freude vorher nicht gutgemacht werden. Noch heute hat er eine lange Narbe unter dem Kinn. An diesem Tag beschloss ich, auf diese feine Stimme in mir zu hören und bereit zu sein, mein Kind durch Verbote zu schützen.

Bitte achten Sie auf Ihre Gefühle und wenn Sie den Eindruck haben, Sie sollten »nein« sagen, dann tun Sie es. Wir sind als Eltern oft bemüht, unseren Kindern möglichst alles irgendwie zu ermöglichen. Aber sie werden nicht unbedingt lebenstüchtig, wenn wir ihnen alles erlauben und ihnen alle Hindernisse aus dem Weg räumen. Eine wichtige Lektion im Leben ist auch zu lernen, mit Konflikten und Verboten umzugehen.

Unsere Tochter fragte eines Tages, ob ich sie zu einer Freundin fahren könnte. Eigentlich passte es überhaupt nicht. Es hätte mich enorm unter Stress gesetzt, aber ich überlegte schon krampfhaft, wie ich es einrichten könnte, als sie sagte: »Mama, wenn es nicht geht, dann sag einfach ›nein‹. Ich kann damit umgehen.«

Sie hatte eine Frage gestellt, auf die man mit »ja«, »nein« und »vielleicht später« antworten kann. Warum muten wir unseren Kindern kein Nein zu?

Könnte es sein, dass sich unsere Kinder manchmal sogar ein Nein wünschen, auch wenn sie es so nie formulieren würden?

Die 17-jährige Maja fragt ihren Vater, ob sie am Samstag auf Kevins Party gehen könne. Auf Nachfragen erfährt der Vater, dass Kevins Eltern am Wochenende wegfahren wollen. Er erbittet Bedenkzeit, will sich mit der Mutter absprechen. Jeden Tag fragt Maja nach und bekommt keine eindeutige Antwort. Am Donnerstag drängt die Tochter auf eine Entscheidung. Der Vater ringt sich zu einem »Nein« durch. Kurz darauf ruft Kevin an. Maja erklärt, dass sie leider nicht kommen könne, da ihr Vater es verboten hätte. Als der Telefonhörer aufgelegt ist, läuft sie zu ihrem Vater, umarmt ihn und gibt ihm einen Kuss: »Danke, dass du es verboten hast«, hört der erstaunte Vater. »Ich wollte auch nicht hin, aber wie hätte ich vor meinen Klassenkameraden und Kevin dagestanden, wenn ich zugegeben hätte, dass ich nicht will.«

Wo erlauben wir unseren Heranwachsenden, sich hinter unserem Rücken zu verstecken und zu schützen? Obwohl das eine wahre Geschichte ist, werden Sie vielleicht einwenden, dass Sie das noch nie erlebt hätten. Manchmal muss man einige Jahre warten, bis die eigenen Kinder selbst Eltern geworden sind und sich dann für die Erziehung bedanken. Sollten Sie es nie hören, mag Sie folgende Geschichte trösten:

Ein Mädchen, das wir alle sehr beneideten, da ihre Mutter sehr großzügig war, sagte mal: »Ihr habt es gut, dass eure Eltern euch Dinge verbieten. Meiner Mutter ist es vollkommen egal, wann ich nach Hause komme und mit wem ich ins Bett gehe. Ich wünschte manchmal, sie würde nachfragen oder mir auch mal was verbieten, dann wüsste ich, dass sie mich liebt.«

Aus meiner Erfahrung ist für Kinder Unentschiedenheit oft schwerer zu ertragen, als auch mal eine zu enge Grenze. Wenn sich eine Entscheidung über Tage hinauszieht und man ständig zwischen Hoffen und Bangen gehalten wird, entsteht manchmal mehr Schaden als durch ein entschiedenes »Nein«. Und sollten Sie wirklich festgestellt haben, dass Sie viel zu eng entschieden haben, besteht die Möglichkeit, sich bei dem Kind zu entschuldigen und gemeinsam für das nächste Mal weitere Grenzen zu ziehen. Es ist für Kinder eine wertvolle Erfahrung, wenn sich Eltern auch entschuldigen und zugeben, nicht alles richtig zu machen.

Diskussionen positiv sehen

Diskussionen, Auseinandersetzungen bis hin zum Streit sind gut, solange es uns gelingt, beim Thema zu bleiben, das Gegenüber ernst zu nehmen und die Gefühle des anderen nicht zu verletzen. Wobei ich den Teenagern zugestehen muss, dass sie Lernende sind. Es gibt einen Satz, den ich mir immer wieder sage: »Nicht die Jungen müssen die Alten verstehen, sondern die Alten die Jungen, denn sie waren schon einmal jung.« Nicht jeder Satz, in Wut ausgesprochen, ist auf die Goldwaage zu legen. Auch wenn es sein sollte, dass Ihre Tochter Sie anschreit: »Ich hasse dich!« und dann weinend in ihr Zimmer läuft, so meint sie doch in Wahrheit nicht Sie persönlich, sondern sie hasst, dass Sie Macht über sie haben, ihr Dinge zu verbieten. Gehen Sie immer in einer verständnisvollen, vergebenden Art an solche Gespräche. Überall wo Menschen eng zusammenleben, gibt es Auseinandersetzungen. Sie sind wichtig und notwendig. Es ist einfacher damit umzugehen, wenn ich ein Ja dazu finde und Streit nicht sofort als eine Art Bedrohung erlebe. Sind Sie harmoniebedürftig und bisher eher von Ihren Kindern verwöhnt? Stellen Sie sich besser darauf ein, dass die Pubertät eine Zeit der Machtkämpfe und Diskussionen wird. Seien Sie bereit, ein Prellbock für Ihren Teenager zu sein, an dem er sich reiben kann, damit er herausfinden kann, was er wirklich will und lernt, was der gute Weg ist!

Als unser drittes Kind in die Pubertät kam und die ersten Machtkämpfe und stundenlangen Diskussionen mit mir austrug, spürte ich eine innere Freude über die vor uns liegende Zeit. Spontan stand mir die Szene aus »Dschungelbuch« vor Augen, als der dicke, starke Bär Balu das Menschenkind Mogli auffordert, mit ihm zu kämpfen, um ihm beizubringen, wie man ein richtiger Bär wird. Und ich sagte zu unserem Sohn: »Komm, kämpf mit mir. Wenn du die besseren Argumente hast, kannst du siegen, aber wenn ich sie habe, musst du dich beugen.« Haben Sie diese Bereitschaft, Ihrem Kind Rede und Antwort zu stehen?

Nachdem unsere 16-jährige Tochter mit uns drei Stunden über ein Thema diskutiert hatte, sagte ich: »Jetzt ist aber wirklich genug. Jetzt haben wir das Thema von allen Seiten ausreichend beleuchtet.« Daraufhin sagte sie: »Mama, das Diskutieren macht aber so viel Spaß!«

Ich kenne viele Erwachsene und Jugendliche, die darunter leiden, sich mit den eigenen Eltern nie auseinander gesetzt zu haben. Entweder die Eltern überlassen die Jugendlichen sich selbst oder sie erwarten Gehorsam, ohne den Standpunkt zu erklären.

Erwachsen werden bedeutet, zu hinterfragen, ob die Werte der Eltern auch die eigenen werden können. Lehrer erzählen oft, dass die Teenager zwar zu Hause sehr aufmüpfig seien, aber in der Schule oft die Ansichten der Eltern lautstark als die ihren verkündigen würden. Es lohnt sich, sich mit den Gedanken der jungen Leute auseinander zu setzen.

So wenig Kampffelder wie nötig

Bei den vielen Kampffeldern in der Pubertät ist es ratsam, sich zu überlegen, auf welchen Gebieten es sich lohnt zu kämpfen.

Frisur

In vielen Familien gibt es ständig Unfrieden wegen der Haarlänge oder der

Haarfrisur. In Gesprächen, besonders mit Frauen, wird deutlich, wie tief verletzt sie oft sind, weil sie entweder die Haare immer kurz tragen mussten oder nicht abschneiden durften. Aus dieser Erfahrung heraus habe ich beschlossen, dass ich mich nicht mit meinen Kindern über die Haartracht streiten will. Ich sage meine Meinung, aber verstehe auch, dass die Pubertät eine Zeit der Experimente ist.

Kleidung

Bei Kleidung ist es schon etwas anderes. Zum einen haben wir eine Verantwortung für die Gesundheit unserer Kinder, auf der anderen Seite sollten wir ihnen helfen sich so zu kleiden, dass sie erkennen, wie ihr Outfit auf das andere Geschlecht wirkt. In dem Artikel »Respect! Wie viel Haut soll sein«, empfiehlt Anja Schäfer[1] den jungen Mädchen einen Freund mal zu fragen, wie er die Kleidung empfindet, was ihn reizt und womit er Probleme bekommen würde. Ich möchte ergänzen, dass an dieser Stelle Väter ihren Töchtern eine wichtige Hilfe sein könnten. Nach dem Motto: »Weißt du eigentlich, was du für ein Feuerwerk an Gefühlen bei jungen Männern auslösen kannst, wenn dein Pullover einen so tiefen Ausschnitt hat?« Viele junge Mädchen haben keine Ahnung, wie sie wirken. Es ist wichtig, dass wir sie als Eltern nicht ins offene Messer laufen lassen. Woher sollen sie wissen, dass Männer durch das, was sie sehen, und Frauen durch Zärtlichkeit und Berührung erregt werden, wenn wir es ihnen nicht sagen? In dem Artikel »Modisch oder männermordend« beschreibt Dannah Gresh[2], wie sie oft zu enge Blusen und zu kurze Röcke trug. Sie dachte jahrelang, dass es mit ihr nichts zu tun hätte, wenn ein Junge ihr nicht hinterher schauen könnte, ohne an Sex zu denken, bis ihr klar wurde, dass sie eine Mitverantwortung für die Männer trägt, sie nicht zu verführen.

Seien Sie der sprechende Spiegel für Ihre Töchter, wobei es leichter ist, ein Gespräch mit einer Frage zu eröffnen – z. B.: »Was meinst du, was mit deinem Freund passiert, wenn du eine so durchsichtige Bluse anziehst?« – als gleich ein Verbot auszusprechen. Es ist wichtig, sehr sensibel an das Thema heranzugehen.

Eltern bleiben bis zur Volljährigkeit

Immer wieder höre ich, dass Eltern die besten Freunde ihrer Kinder sein wollen.

Eine allein erziehende Frau erzählte mir unter Tränen die letzte Auseinandersetzung mit ihrem schon fast erwachsenen Sohn. »Stell dir vor, was er gesagt hat: ›Wann hörst du endlich auf, meine Freundin sein zu wollen. Ich will, dass du meine Mutter bist, die mich verwöhnt und mich erzieht. Ich kann, es nicht mehr ertragen, wenn du mir alles erzählst, was dich beschäftigt.‹ Ich habe es doch so gut gemeint«, schluchzte sie, »was ist denn falsch daran, wenn ich seine Freundin sein will?«

Persönlich glaube ich, dass unser Erziehungsauftrag erst nach der Volljährigkeit endet. Eine Freundschaft bedeutet, dass wir auf einer Ebene stehen. Ich vertraue dir alle meine Probleme an, du mir deine. Freunde geben nicht immer Ratschläge oder Korrekturen. Sie hören auch mal nur zu. Kinder wünschen sich Eltern, die sie beratend begleiten. Sie wollen nicht unbedingt auch hören, was uns beschäftigt oder belastet. In der Eltern-Kind-Beziehung stehen sie als Kind im Mittelpunkt.

Unsere Tochter studierte im 1. Semester. Eines Tages kam sie nach Hause und sagte: »Ich könnte in eine Wohngemeinschaft mit zwei anderen Mädchen aus dem 1. Semester ziehen, das wäre sogar billiger.« Ich fragte nur noch, ab wann und dachte, dass damit das Thema abgeschlossen sei, als es aus ihr herausbrach. »Mama, ich dachte, dass du jetzt über die Vor- und Nachteile einer Wohngemeinschaft mit mir diskutierst. Vor was würdest du mich warnen, worauf muss ich achten?«

Jugendliche und junge Erwachsene brauchen unseren Rückhalt, unsere Erfahrung, unsere Korrektur. Je älter sie werden, desto mehr werden wir eine freundschaftliche Ebene finden.

Positive Vorbilder sein

Ein weiser Spruch sagt: »Kindererziehung ist zwecklos, Kinder machen sowieso alles nach.« Wir haben als Ehepaare eine wichtige Aufgabe, die nächste Generation durch unser Vorbild ehetauglich zu machen. Was erleben unsere Jugendlichen in unseren Ehen? Ist Ehe für sie ein Wunschtraum? Erleben sie, dass man durchaus nicht immer einer Meinung ist, dass man auch mal streiten kann? Bekommen sie mit, wie man sich vergibt und versöhnt?

Neben dem Ziel, sie zu reifen Persönlichkeiten zu erziehen, wünschen wir unseren Teenagern, dass sie in einer stabilen, lebenslangen Beziehung glücklich werden.

»Wenn du willst, dass Kinder ein Schiff bauen, dann gib ihnen nicht Hammer und Säge in die Hand, sondern lehre sie die Sehnsucht nach der Weite des Meeres« (frei nach Saint-Exupéry). Übertragen auf unser Ziel bedeutet das: »Wenn du willst, dass deine Kinder heiraten wollen, dann lebe ihnen vor, dass Ehe ein lohnenswertes Ziel ist.«

Vielleicht fühlen Sie sich jetzt als allein erziehende Mutter von meinen Worten verletzt, oder Sie haben gerade eine Ehescheidung hinter sich und denken, dass dann Ihre Kinder keine Chance für eine glückliche Ehe haben. Lassen Sie sich bitte nicht entmutigen.

Als ich in einer Klasse 9 fragte, wer denn heiraten wolle, meldeten sich alle 30 Schüler/-innen. Ich war so überrascht von dem Ergebnis, dass ich spontan fragte, ob das vielleicht am Klassenlehrer liegen würde. Daraufhin sagte die Klassensprecherin: »Ja, unser Lehrer erzählt uns immer so begeistert von seiner Frau und den beiden Kindern, dass man einfach Lust bekommt, zu heiraten.«

Ich habe oft erlebt, dass Lehrer gerade in der Pubertät sehr prägend sein können. Jugendliche suchen sich Vorbilder, an denen sie lernen können. Vielleicht sind es die Großeltern, die Paten oder Freunde.

Vermitteln Sie Ihrem Kind das Vertrauen, dass Sie daran glauben, dass es nicht die gleichen Erfahrungen machen muss wie Sie.

Kapitel 2

Selbstwertgefühl und Fähigkeiten entwickeln

Kennen Sie den Satz: »Kleine Kinder - kleine Sorgen; große Kinder - große Sorgen«? Ich mochte diesen Satz noch nie. Ich dachte immer: »Bange machen gilt nicht!«

Haben Sie Angst oder zumindest ein mulmiges Gefühl, wenn Sie an die Pubertät Ihrer Kinder denken? Dann möchte ich Sie beruhigen.

Als unser erstes Kind zehn Jahre alt war, hörte ich von groß angelegten amerikanischen Studien[3] über Probleme von Kindern in der Pubertät. Man hatte festgestellt, das 2/3 der Jugendlichen, von kleineren Problemen abgesehen, relativ gut durch die Pubertät kamen. Nur 1/3 der jungen Leute hatte Probleme. Man untersuchte diese Gruppe und fand, dass sie zwei Merkmale aufwiesen: Sie hatten ein niedriges Selbstwertgefühl und konnten schlecht mit Wut umgehen. Als ich das hörte, freute ich mich über diese Mut machende und entspannende Nachricht. Auf der anderen Seite dachte ich: »Gut, dass ich das jetzt schon höre.« Denn unsere Tochter hatte zu der Zeit weder ein gutes Selbstwertgefühl noch konnte sie gut mit Wut umgehen. Ich wollte mich ganz gezielt an die Arbeit machen und ihr beides vermitteln. Davon soll dieses Kapitel handeln. Wir können als Eltern den Teenagern helfen, Fähigkeiten zu entwickeln, die ihnen helfen, stabile Freundschaften zu bauen.

Gesundes Selbstwertgefühl entwickeln

Unsere Tochter war immer eine der Kleinsten in der Klasse. Da wir als Eltern Normalgröße haben, beruhigten wir sie immer wieder damit, dass sie schon noch wachsen würde. Eines Tages ließen wir eine Untersuchung der Handknochen machen, durch die man die voraussichtliche Größe bestimmen konnte. Die Voraussage ergab, dass sie 1,60 Meter plus / minus 4 cm werden würde. Bei dieser Nachricht brach sie in Tränen aus und schluchzte: »Dann will ich nicht mehr leben, wenn ich so klein bleibe.« Vielleicht sagen Sie jetzt, dass dies doch kein Grund sei, nicht mehr leben zu wollen. In vielen Seelsorgegesprächen habe ich erkannt, dass die Frage des Selbstwertgefühls nicht objektiv gemessen werden kann. Ein bildschönes Modell kann sich selbst für hässlich, ein Arzt mit einem guten Endexamen für nur mittelmäßig und eine Mutter, die in den Augen der Umgebung wunderbar mit ihren Kindern umgeht, sich für eine schlechte Mutter halten. Es ist deshalb so schwer zu beeinflussen, weil es ein subjektives Gefühl ist. Für mich hat jemand ein gesundes Selbstwertgefühl, der gut mit seinen Stärken und Schwächen umgehen kann. Zu sich ja sagen und aus sich das Beste machen – so heißt das Ziel.

Pascal ist 11 Jahre alt und leidet an der Aufmerksamkeitsstörung ADHS (Aufmerksamkeitsdefizitsyndrom mit Hyperaktivität). Ich sitze gerade am Computer, als er weinend in mein Zimmer läuft: »Mama, ich bin zu nichts zu gebrauchen. Ich kann es einfach nicht. Schon wieder sitze ich Stunden an meinen Hausaufgaben und ich schaffe es einfach nicht.« Ich unterbreche meine Arbeit, ziehe ihn auf meinen Schoß und sage: »Pascal, das stimmt nicht, dass du zu nichts zu gebrauchen bist. Erinnerst du dich an gestern Abend? Da hast du einen Grießbrei gekocht. Der ist nicht angebrannt und hat super geschmeckt. Das bekommt manch ein Erwachsener nicht hin. Und wenn wir zusammen Auto fahren, weiß ich oft den Weg nicht und dann sagt eine Stimme von hinten: ›Mama, du musst hier links fahren. Ich weiß es genau.‹ Du hast einen super Orientierungssinn. Das ist etwas, was deine Mama gar nicht kann. Oder wenn ich etwas im Haus suche, wer findet es fast immer?« Ein Strahlen fliegt über sein Gesicht. »Und dann gibt es auch Sachen, die du nicht so gut kannst wie z. B. sich auf die Hausaufgaben konzentrieren. Da brauchst du Hilfe von deiner Mama. Setz dich neben mich und zeig mal her.« Neulich war ich bei einer Kinderpsychologin. Sie untersuchte ihn und meinte: »Normalerweise haben Kinder mit ADHS ein ganz niedriges Selbstwertgefühl, aber Ihr Sohn nicht.«

Seien Sie ehrlich mit Ihren Kindern. Helfen Sie ihnen, die Stärken zum Wohl anderer einzusetzen und an den Schwächen zu arbeiten. Wir Eltern tragen den Hauptanteil daran, wie sich das Selbstwertgefühl unserer Kinder entwickelt.

Vielleicht befinden Sie sich gerade in der Lage, dass Sie an Ihrem Kind nichts Positives mehr sehen können. Mir hilft dann der Spruch, dass es keinen Kaktus gibt, der nicht auch Blüten hat. Manchmal ist ein Umdenken nur möglich, wenn ich mir eine Woche lang auferlege, nur die positiven Dinge wahrnehmen zu wollen.

FRAGE: HAT MEIN KIND EIN GUTES SELBSTWERTGEFÜHL? KENNT ES SEINE STÄRKEN UND SCHWÄCHEN?

TIPP: SAGEN SIE IHREM KIND IMMER WIEDER, WAS ES GUT KANN. HELFEN SIE IHM IN DEN SCHWÄCHEN.

Guter Umgang mit Wut und anderen Gefühlen

Gibt es das überhaupt? Guter Umgang mit Wut? Wie geht es Ihnen, wenn Ihr Kind einen Wutausbruch bekommt?

Der 16-jährige Tobias kommt aus der Schule, knallt seinen Schulrucksack in die Ecke und geht ohne ein Wort der Erklärung in sein Zimmer. Eigentlich weiß er, dass seine Eltern Besuch zum Mittagessen eingeladen haben und sie alle am Tisch auf ihn warten. Der Vater entschuldigt sich bei seinem Gast mit den Worten: »Es muss etwas Schlimmes passiert sein, wenn Tobias so reagiert. Ich gehe mal nach ihm schauen.« Er klopft an Tobias' Tür und fragt, ob er eintreten darf. Im Laufe des Gesprächs erfährt der Vater, dass sich Tobias von seinem besten Freund total verletzt fühlt.

Darf man wütend sein? »Ja« ist meine klare Antwort. Wut zeigt an: »Hier ist etwas nicht in Ordnung!« Wut kann verschiedene Gründe haben: Enttäuschung, Verletzungen, eigenes Versagen, Verbote, Ungerechtigkeit ... Nehmen Sie die Wut Ihres Kindes ernst. Wut hat nicht nur diese zerstörerische Komponente, vor der man Angst haben muss, sondern sie ist auch eine sehr starke Kraft, die Missstände in der Gesellschaft verändern kann.

Erklären Sie Ihrem Kind, dass es in seiner Wut weder Gegenstände absichtlich zertrümmern noch Menschen in Wort und Tat verletzen darf.

Legen Sie sich die Einstellung zu: »Wie gut, dass unser Kind diesen Wutausbruch vor meinen Augen bekommt, dann kann ich es lehren, mit dieser Wut umzugehen.«

Aber was kann man tun, wenn Wut hochsteigt?

Hier einige Tipps, die alltagserprobt sind: »Erst mal tief Luft holen, bevor man antwortet; bis 10 zählen; eine Faust in der Tasche machen; auf die Toilette gehen, weil das ein Ort ist, an dem man allein sein kann; sich alles anhören und um Bedenkzeit bitten; die Wut an einem Boxsack oder Kissen auslassen; eine Runde joggen oder Fahrrad fahren; die Wut auslösende Arbeit um zwei Stunden verschieben; mit jemand reden; beten.«

FRAGEN: HAT MEIN KIND GELERNT, MIT WUT UMZUGEHEN ODER WIRD ES LEICHT HANDGREIFLICH, WENN MAN ES REIZT? HAT ES SEINE ZUNGE IM GRIFF? KANN ES AUCH MAL WEINEN? NIMMT ES SEINE GEFÜHLE WAHR?

TIPP: LEHREN SIE IHR KIND, MIT WUT UMZUGEHEN. FRAGEN SIE NACH DEN GEFÜHLEN DES KINDES UND HELFEN SIE DEM KIND, DEN GEFÜHLEN DIE RICHTIGEN NAMEN ZU GEBEN.

Kommunikationsfähigkeit

Kommunikationsfähigkeit beinhaltet, dass ich meine Gedanken und Gefühle in Worte kleiden kann, sodass das Gegenüber mich versteht. Reden und zuhören können sollte in gleicher Weise entwickelt sein. Viele Jugendliche gehören zur Gruppe der Schweiger, besonders auch im Unterricht.

In Bezug auf meine Kinder hat mich ein Gespräch mit einem Lehrer wachgerüttelt. Er sagte an einem Elternsprechtag: »Wissen Sie, dass Lehrer bis zur Klasse 10 eine *Holschuld* haben?« Das bedeutet, dass sie einem Kind, das im Unterricht nichts sagt, keine 6 geben dürfen. Sie müssen das Wissen aus ihm herausholen und erst, wenn sich die Lehrer überzeugt haben, dass das Kind auch auf Nachfragen nichts weiß, dürfen sie eine schlechte Note geben. Anders ist das in der Oberstufe. Da gibt es die *Bringschuld*. Der Jugendliche muss das Wissen dem Lehrer bringen. Hier kann der Lehrer eine 6 geben, wenn das Kind immer nur stumm dem Unterricht lauscht.

Vielleicht ärgern Sie sich darüber. Aber auch im Berufsleben muss der Erwachsene sich bewerben, sich darstellen, seine Fähigkeiten herausstellen, damit er eine Stelle bekommt. Es gehört zu einer gewissen Lebenstauglichkeit dazu, sein Wissen vor anderen zu präsentieren.

FRAGEN: KANN MEIN KIND SICH SO AUSDRÜCKEN, DASS ANDERE VERSTEHEN, WAS ES DENKT UND FÜHLT? KANN ES GUT ZUHÖREN?

TIPP: LASSEN SIE DAS KIND ERZÄHLEN! STELLEN SIE GEZIELTE FRAGEN! LEHREN SIE DAS KIND ZUZUHÖREN!

Konfliktfähigkeit

Dürfen Ihre Kinder untereinander und mit Ihnen streiten? Streit gehört dazu, wenn Menschen eng zusammenleben. Streiten heißt, dass jeder seine

Meinung sagt. Es gelten ähnliche Spielregeln wie im Umgang mit Wut. Deshalb ist es wichtig, ein Ja dazu zu finden, dass Auseinandersetzungen bei der Persönlichkeitsentwicklung wichtig sind. Das Ziel ist, die Kinder zu lehren, fair zu streiten, ihnen zu erklären, warum Worte wie »immer« und »nie« den anderen sofort in die Verteidigungsposition bringen und er oft das Wesentliche nicht mehr hören kann, weil er sich schon an diesen beiden Worten aufgehängt hat. Oder die Kinder zu lehren, Ich- statt Du-Sätze zu formulieren: »Ich fühle mich verletzt« statt »Du hast schon wieder ...«. Verschiedene Standpunkte darlegen und bis zu einer Lösung diskutieren, ohne dass beide Parteien am Ende verletzt sind, ist unser Ziel. Das kann man lernen. Wenn wir um der Harmonie willen alles unter den Teppich kehren oder immer nur schweigen, entwickeln wir uns zu einem Pulverfass. Die Aggressionen werden sich einen Weg suchen, entweder werden sie sich gegen andere oder gegen mich selbst richten.

FRAGEN: KANN MEIN KIND FAIR STREITEN? FÜHLT ES SICH SCHNELL VERLETZT UND ZIEHT SICH DANN ZURÜCK ODER KANN ES KONFLIKTE AUSHALTEN UND BIS ZU EINER LÖSUNG DISKUTIEREN?

TIPP: BEOBACHTEN UND ANALYSIEREN SIE STREITSITUATIONEN. SPIEGELN SIE DEM KIND, WAS SIE BEOBACHTET HABEN, WANN DER STREIT ESKALIERTE. FRAGEN SIE DAS KIND NACH SEINEN GEFÜHLEN. LEHREN SIE REGELN DER KOMMUNIKATION. SPIELEN SIE MIT IHREM KIND Z. B. »MENSCH ÄRGERE DICH NICHT«.

Anpassungsfähigkeit

Anpassung ist wichtig, aber nicht bis zur Selbstaufgabe. Auf der einen Seite zu lernen, die eigenen Grenzen und Wünsche wahrzunehmen, auf der anderen Seite, um der anderen willen, um der Gemeinschaft willen, auf seine eigenen Wünsche zu verzichten, ist wichtig.

FRAGEN: WIE SCHNELL KANN SICH MEIN KIND AUF VERÄNDERTE SITUATIONEN EINSTELLEN? WIE VERHÄLT SICH MEIN KIND, WENN UNGEPLANTE DINGE PASSIEREN, EINE VERABREDUNG PLATZT ODER ES ZUSÄTZLICHE ARBEITEN ÜBERNEHMEN MUSS? WIE GEHT ES IHM AUF KLASSENFAHRTEN?

TIPP: RÄUMEN SIE IHREM KIND NICHT ALLE SCHWIERIGKEITEN AUS DEM WEG. GEBEN SIE IHM DIE MÖGLICHKEITEN, MIT ENTTÄUSCHUNG ANGEMESSEN UMZUGEHEN.

Gemeinschaftsfähigkeit

Der Mensch muss zwei Dinge in der Jugend lernen: sich in eine Gemeinschaft einfinden und Zeit allein sinnvoll gestalten. Einzelkinder spielen oft stundenlang allein und fühlen sich eher gestört, wenn andere dazukommen. Deshalb ist es wichtig, ihnen in Vereinen, auf Freizeiten, durch Freundschaften die Möglichkeit zu geben, diese Fähigkeit zu entwickeln. Kinder aus größeren Familien laufen stattdessen oft wie Falschgeld herum, wenn mal keiner zum Spielen da ist. Sie müssen an das Alleinsein herangeführt werden.

FRAGEN: IST MEIN KIND GERNE MIT ANDEREN MENSCHEN ZUSAMMEN? KANN ES AUF FREMDE ZUGEHEN? SIEHT ES DIE NÖTE DER ANDEREN? KANN ES SICH EIN- UND UNTERORDNEN?

TIPP: FÖRDERN SIE FREUNDSCHAFTEN, SCHAUEN SIE NACH VEREINEN FÜR IHR KIND.

Entscheidungsfähigkeit

Entscheidungsfähigkeit bedeutet, dass ich aus mehreren Möglichkeiten eine auswähle. Kann Ihr Kind das Pro und Kontra abwägen, sich festlegen und dann auch die Konsequenzen des eingeschlagenen Weges tragen? Wenn die Entscheidungsfähigkeit fehlt, fühlt man sich unsicher und wird gelebt, da man sich immer nach den anderen richtet.

FRAGE: KANN MEIN KIND GUT ENTSCHEIDUNGEN TREFFEN ODER BEGLEITET ES DER SATZ: »ES IST MIR EGAL«?

TIPP: REDEN SIE IN DER FAMILIE ÜBER VERSCHIEDENE MÖGLICHKEITEN, ZEIGEN SIE KONSEQUENZEN VON ENTSCHEIDUNGEN AUF UND BEGLEITEN SIE DAS KIND AUF SEINEM WEG. BRINGEN SIE IHM MUT ZUR KORREKTUR BEI, WENN DIE ENTSCHEIDUNG FALSCH WAR.

Verantwortungsbewusstsein

Jeder Mensch muss lernen, zunächst für sich und später auch für andere Verantwortung zu übernehmen. Je älter man wird, desto mehr Verantwortung kann und sollte man tragen. Es macht Menschen zufrieden und glücklich, wenn ihnen etwas zugetraut wird. Auf dem Weg zunächst kleine und später größere Aufgaben zu übernehmen, braucht der Mensch andere, die an ihn glauben.

FRAGEN: ÜBERNIMMT MEIN KIND VERANTWORTUNG FÜR EINE GRUPPE ODER LÄSST ES DIE ANDEREN IMMER VOR? DENKT ES MIT, WENN Z.B. EIN GESCHENK FÜR EINEN LEHRER ODER ZIVILDIENSTLEISTENDEN GESUCHT WIRD? IST ES BEREIT SICH ZUM KLASSENSPRECHER WÄHLEN ZU LASSEN ODER SAGT ES IMMER: »DAS KANN ICH NICHT«?

TIPP: GEBEN SIE IHREM KIND AUFGABEN IM HAUSHALT UND BEI DER HAUSTIERHALTUNG.

Fähigkeit zum Verzicht

Kaum eine Generation hat so wenig Gelegenheit, natürlicherweise verzichten zu lernen wie unsere Jugendlichen. Durch den Wohlstand und die Schnelllebigkeit unserer Zeit sind sie gewohnt, dass Wünsche sehr schnell erfüllt werden können. In keiner Zeit vorher verfügten Jugendliche über so viel Geld. Früher waren die jungen Leute auf die ältere Generation angewiesen. Wissen, Fähigkeiten wurden von der älteren an die jüngere Generation weitergegeben. Spätestens seit dem Internetzeitalter scheint es umgekehrt zu sein. Die Alten lassen sich von den Jungen erklären, wie Internet und Mobiltelefon funktionieren und sie können für ihr Wissen teilweise unglaubliche Stundensätze erwirtschaften. Trotzdem spüren wir auch in unserer »Spaßgesellschaft«, dass wahrer Genuss nur möglich ist, wenn auch Verzicht erlebt wird. Nur wenn ich Hunger gespürt habe, kann ich ermessen, wie kostbar es ist, jeden Tag satt zu werden. Wir müssen Möglichkeiten schaffen, in denen unsere Kinder diese lebensnotwendige Fähigkeit erlernen. Auch im Mangel dankbar zu sein, ist eine Kunst von Menschen, die im Leben glücklich sind. Es ist eine wertvolle Erfahrung, die Stärke seines Willen zu testen, indem man freiwillig für eine gewisse Zeit auf etwas verzichtet.

FRAGEN: KANN MEIN KIND VERZICHTEN ODER MUSS ES ALLES MÖGLICHST SOFORT HABEN?

TIPP: VEREINBAREN SIE MIT IHREM KIND, EINMAL EINE WOCHE LANG AUF SÜSSIGKEITEN ODER DEN FERNSEHER ZU VERZICHTEN.

Beurteilen Sie die Fähigkeiten Ihrer Kinder

In einem Polarisationsprofil (Vordrucke in Kapitel 11) kann man die Fähigkeiten auf einer Skala von 1-5 ähnlich der deutschen Noten beurteilen, wobei 1 das Beste und 5 das Schlechteste ist. Nehmen Sie sich doch einige Augenblicke Zeit und denken Sie nacheinander über Ihre Kinder nach. Das Polarisationsprofil mag helfen, das Kind einzuordnen. Später könnten Sie Ihren Partner ermutigen, sich Gedanken über die Kinder zu machen und natürlich auch das Kind selbst bitten, sich einzuschätzen. Sprechen Sie gemeinsam über Ihre Beobachtungen. Idealerweise sollten die gemachten Beurteilungen nicht sehr voneinander abweichen

Matthias und Florian, beide 14 Jahre alt, füllen das Polarisationsprofil jeder für sich aus. Anschließend bitten sie jeweils den anderen um eine Beurteilung. Matthias gibt sich eine 1 in Kommunikationsfähigkeit. Sein Freund gibt ihm eine 4. Die beiden kommen ins Gespräch. »Ich kann doch super reden«, wehrt sich Matthias. »Ja«, gibt Florian zu, »aber du kannst überhaupt nicht zuhören und das gehört für mich zu einer guten Kommunikationsfähigkeit dazu.«

Wie hilfreich für Matthias, schon mit 14 Jahren einen Spiegel vorgehalten zu bekommen. »Wer bin ich?« und »Wie wirke ich?« sind die Zentralfragen der Jugendlichen.

Kapitel 3

Wie entsteht eine Beziehung?

Keine Zeit im Leben des Menschen ist von so starken Gefühlsschwankungen begleitet wie die Pubertät. Es ist ein Auf und Ab. Mal fühlt man sich erwachsen und auf Wolke sieben, dann wieder ganz unten und möchte am liebsten nicht mehr leben. In dieser Zeit sucht man oft das große Glück in einer Beziehung zum anderen Geschlecht. Verliebt sein, Freundschaften anfangen und oft innerhalb weniger Tage oder Wochen wieder beenden, gehört genauso dazu, wie mit dem Gefühl umzugehen, begehrt oder nicht begehrt zu sein. Gruppendruck, nur etwas zu sein, wenn man auch eine Beziehung vorzuweisen hat, führt manchmal eher in ein Gefühlschaos als in das ersehnte große Glück. Wie entsteht eine Beziehung und was macht eine Beziehung zu einer tragfähigen Partnerschaft? Dazu werde ich Ihnen die vier verschiedenen Arten der Liebe, die den Bau einer Beziehung beeinflussen, vorstellen:

- Die freundschaftliche Liebe
- Das Verliebtsein
- Die selbstlose Liebe
- Die sexuelle Liebe

Die freundschaftliche Liebe

Jungen und Mädchen wachsen heute gemeinsam auf. Die Geschlechter werden meistens nicht mehr getrennt, wie es früher noch üblich war. In Kindergarten und Schule spielen und lernen sie gemeinsam. Auch in einem Verein, während der Ausbildung oder in einer Jugendgruppe kann man beobachten, dass Jungen und Mädchen wie Bruder und Schwester miteinander umgehen. Oft entwickeln sich sehr gute Freundschaften.

Verstehen und verstanden werden

Klausuren werden gemeinsam vorbereitet und Fragen bei den Hausaufgaben geklärt. Man tauscht vieles miteinander aus, bespricht, welchen Stress man gerade mit Geschwistern und Eltern hat, versteht und wird verstanden.

Gemeinsame Unternehmungen

Man lädt sich zu Geburtstagen ein, geht gemeinsam ins Kino, trifft sich zu

Videoabenden, teilt Hobbys und Interessen miteinander. Es tut gut, die Zeit mit dem anderen zu verbringen.

Aus einer so tiefen oft über Jahre bestehenden Freundschaft kann später eine Partnerschaft werden. Manchmal fragen sich Menschen nach Jahren, warum sie eigentlich nicht heiraten sollen. Sie kennen sich schon so lange und wissen, dass sie sich aufeinander verlassen können. Ist es nicht das größte Geschenk, wenn Männer und Frauen voneinander sagen können, dass sie gleichzeitig auch beste Freunde sind? Freundschaft ist etwas, das Zeit braucht, um sich zu entwickeln. Ich kann nicht heute jemand kennen lernen und erklären: »Das ist mein Freund.« Freundschaft muss sich erst bewähren. »In der Not erkennt man den Freund«, sagt der Volksmund oder: »Ein Freund ist einer, der alles von dir weiß und dich trotzdem liebt.« Leider werden freundschaftliche Beziehungen zwischen Jungen und Mädchen oft durch das Reden der anderen zerstört. Besonders zwischen 12 und 16 Jahren ist es oft nicht einfach. Wenn dann an der Tafel steht: »Claudia und Michael sind ein Liebespaar«, dann kann es schon mal passieren, dass die zwei ihre Freundschaft opfern, damit keine neuen Hänseleien an der Tafel stehen.

Das Verliebtsein

Manchmal kommt nach jahrelanger Freundschaft auf einmal ein neues Gefühl hinzu – das Verliebtsein. Plötzlich sieht man den anderen mit anderen Augen. Oder es entsteht die berühmte Liebe auf den ersten Blick.

Was ist Verliebtsein? Ist es wahre Liebe und kann man auf Verliebtsein eine Beziehung aufbauen? Sollte ich die Freundschaft sofort beenden, wenn das Verliebtsein nachlässt?

Suchen Sie doch mit Ihrem Teenager gemeinsam Antworten auf diese Fragen.

Man ist verliebt, wenn man immer nur an den anderen denkt, nie genug Zeit mit ihm verbringen kann und denkt, der andere sei fehlerlos.

Verliebte haben keine Lust, Hausaufgaben zu machen, den Müll rauszutragen oder die Fische zu füttern. Solche unwichtigen Sachen haben im »Leben auf der Wolke« keine Relevanz. Lieber träumt man davon, mit der Angebeteten zu tanzen, auch wenn sie gar nicht tanzen kann. Der andere ist fehlerlos. Niemals wird er mich verletzen oder verlassen.

Jeder Verliebte glaubt, dass seine Liebe etwas ganz Besonderes, etwas Einzigartiges sei.

Die amerikanische Psychologin Dr. Dorothy Tennov[4] und der amerikanische Psychiater Dr. M. Scott Peck meinen, dass man bei Verliebtsein aus drei Gründen nicht von wahrer Liebe sprechen dürfe:

- Verliebtsein ist kein Akt der freien Willensentscheidung. Wir können uns nicht auf Kommando verlieben.
- Verliebtsein ist keine Liebe, da wir nichts dafür tun müssen. Teure Telefonate, Geschenke, immense Fahrkosten werden nicht als Opfer empfunden.
- Der Verliebte ist an der persönlichen Entwicklung des anderen nicht interessiert. Wenn wir verliebt sind, glauben wir, auf dem Höhepunkt des Lebensglücks angekommen zu sein. Wir wollen, dass sich nichts ändert. Der andere ist schon perfekt und soll so bleiben.

Sich verlieben geschieht einfach. Dieser Aspekt ist sehr wichtig, weil er für viele eine Entschuldigung dafür ist, in Beziehungen oder Ehen einzubrechen. Viele Prominente machen es den Jugendlichen vor. Eine Frau des öffentlichen Lebens verliebt sich in den Mann ihrer besten Freundin und meint damit eine Legitimation zu haben, auch mit ihm eine Beziehung einzugehen. Manche scheinen nach dem Prinzip zu leben: »Man lebt nur einmal, sollte ich dann nicht alles mitnehmen, was ich bekommen kann?«

Als ich 15 Jahre alt war, habe ich mir zwei Dinge vorgenommen:

- Ich will meiner Freundin nicht ihren Freund ausspannen, auch wenn ich mich in ihn verlieben sollte.
- Ich will keine Beziehung zu einem verheirateten Mann anfangen, auch wenn das für mich Verzicht bedeuten würde.

Trotz aller guten Vorsätze kann es aber passieren, dass sich Ihr Sohn ausgerechnet in die Freundin seines besten Freundes verliebt. Was ist zu tun?

Appellieren Sie an die Verantwortung Ihres Sohnes und machen Sie ihm bewusst, dass er bestimmt auch nicht wolle, dass man ihm die Freundin ausspannt.

Gut wäre auch zu wissen, dass Verliebtsein nicht ewig hält, sondern dass es ein flüchtiges Gefühl ist. Je weniger man an den anderen denkt und je seltener man ihn sieht, desto schneller hört das Verliebtsein auf. Wenn man dem Verliebtsein jedoch nachgeht, dann kommt man vielleicht nicht mehr davon los. Deshalb ist es besser, sich nicht mit diesem Menschen zu verabreden, auch wenn es noch so reizvoll wäre.

Ich kann nicht verhindern, dass Vögel über mir fliegen, aber ich kann verhindern, dass sie Nester auf meinem Kopf bauen.

Die Zeit der Pubertät ist die Zeit der Suche, des Erfahrungenmachens, des Annäherns und wieder Lösens. Lehren Sie Ihre Kinder, wie man Beziehungen beendet. Auch wenn Sie mitbekommen, dass Ihr Sohn zwei Freundinnen hat, wäre es gut, ihn mal zur Seite zu nehmen. Oft braucht es einen Hinweis von außen, um über das eigene Verhalten nachzudenken. Sehr hilfreich ist immer die Frage, wie er sich fühlen würde, wenn seine Freundin es mit ihm so machen würde.

Verliebtsein ist ein wunderschönes Gefühl. Ich wünsche es unseren Jugendlichen. Und wenn sie dem Verliebtsein den richtigen Stellenwert beimessen, dann wissen sie, dass Verliebtsein schwächer werden kann, ohne dass es gleich bedeutet, dass man die Beziehung lösen muss. Es kann sie davor bewahren, von Beziehung zu Beziehung zu gehen, immer auf der Suche nach dem Kick. Natürlich dürfen Freundschaften auch gelöst werden, wenn das Verliebtsein aufhört. Aber man sollte Verliebtsein nicht mit wahrer Liebe verwechseln.

Die selbstlose Liebe

Selbstlose Liebe ist notwendig, damit eine Beziehung Stabilität erhält und auf Dauer eine Chance hat zu bestehen. Wenn ich selbstlos liebe, sehe ich von mir und meinem eigenen Vorteil weg. Wie geht es mir, wenn der andere mich verletzt hat, nicht pünktlich zu einer Verabredung kommt oder ausgerechnet an dem Tag krank wird, wenn wir gemeinsam einen Ausflug machen wollten? Kann ich vergeben? Kann ich die Not des anderen sehen, ihn in seiner Krankheit trösten, oder sehe ich nur auf mich und meine Enttäuschung? Selbstlose Liebe freut sich, wenn es dem anderen gut geht, auch wenn sie nichts davon hat. Sie gönnt dem anderen den Erfolg. Sie kann auf die Gegenwart des anderen verzichten, wenn es für ihn wichtig ist. Sie freut sich, wenn der andere die Chance hat, für drei Wochen ins Ausland zu gehen. Sie akzeptiert, dass die Freundin für die Prüfungen lernen muss. Liebe schafft das Liebenswerte und entwickelt im anderen Eigenschaften und Fähigkeiten durch Ermutigung. Wahre Liebe will Veränderung des anderen. Wahre Liebe ist eine Willensentscheidung. »Ich will dem anderen treu sein, auch dann, wenn es schwer ist.«

Wahre Liebe hat sich entschieden, nicht weiter zu suchen, sondern gefunden zu haben, selbst wenn vielleicht ein verlockendes Angebot kommt.

»Was würdest du tun, wenn dir heute der Mann des Lebens begegnet?«, wurde ich vor drei Jahren gefragt. Knapp kam meine Antwort wie aus der Pistole geschossen: »Ich würde mich nicht mit ihm treffen. Ich werde doch nicht das Leben von sieben Kindern, meinem Mann und mir aufs Spiel setzen, um einer Idee nachzulaufen! Denn den absoluten Traumpartner gibt es nicht.«

In Seelsorgegesprächen höre ich immer wieder: »Wenn ich gewusst hätte, dass ich in meiner zweiten Ehe ähnliche Schwierigkeiten wie in der ersten bekomme, wäre ich bei meinem Mann geblieben.«

Es ist wichtig, den Jugendlichen zu sagen, dass auch die Beziehung mit dem »Traumpartner« keinen Weg auf Wolke 7 bedeutet, sondern dass jede Partnerschaft durch Höhen und Tiefen geht. Die Tiefen kann man auch als Krisen bezeichnen. In jeder Krise steckt die Chance zur Veränderung, die Möglichkeit einer neuen Tiefe in der Beziehung, die Gewissheit gibt, dass auch andere Krisen überwunden werden können. Helfen Sie Ihrem Kind, eine realistische Einstellung zur Partnerschaft zu bekommen. Enttäuschungen gehören zu unserem Leben dazu.

Krisen in Teenagerfreundschaften können ausgelöst werden durch:

- Meinungsverschiedenheiten
- keine Zeit durch Arbeiten
- schlechte Noten in der Schule
- wiederholtes Nichteinhalten von Versprechen
- Lügen
- Treuebruch
- Verfehlungen
- Eifersucht
- Arbeitslosigkeit
- längere Krankheit

Lehren Sie Ihr Kind, mit Krisen umzugehen.
Meinungsverschiedenheiten sind bis zu einem gewissen Grad normal. Die

Frage ist, ob die beiden immer wieder nach dem Streit einen Weg zum Herzen des anderen finden.

Schlechte Noten, missglückte Bewerbungen oder Arbeitslosigkeit können tiefe Krisen auslösen, da sie oft das Selbstwertgefühl des Menschen beeinträchtigen.

Krankheiten, arbeits- und prüfungsbedingte Abwesenheit, Praktika sind Zeiten, die man aushalten muss, in denen man sich fragen kann, wie wichtig mir dieser Mensch ist. Wenn der andere aber permanent keine Zeit für gemeinsame Unternehmungen hat, stellt sich die Frage, ob er wirklich an mir interessiert ist und ob ich damit auf Dauer umgehen kann.

Nicht eingehaltene Versprechen, Eifersuchtsszenen, Lügen und Treuebrüche wiegen schwerer. Es ist wichtig, über Verletzungen und Erwartungen zu reden, um Vergebung zu bitten und zu vergeben. Vielleicht müssen Sie Ihrem Kind auch raten, die Beziehung abzubrechen, besonders dann, wenn wiederholte Treuebrüche und Lügen geschehen sind, da sie oft schon lang eingeübte Haltungen im Charakter eines Menschen sind.

Die sexuelle Liebe

Beim Abschnitt über das Verliebtsein habe ich betont, dass es wichtig ist, mit Jugendlichen darüber zu sprechen, was Verliebtsein ist und welchen Stellenwert es in einer Beziehung hat.

Auch in der Sexualität erscheint es mir wichtig, den Teenies zu helfen, eine realistische Vorstellung von sexueller Liebe zu bekommen.

Unsere Mädchen und Jungen werden oft von Filmen und Zeitschriften geprägt, in denen ihnen eine einseitige Art von Sexualität vorgegaukelt wird.

Wenn wir an Filme mit James Bond denken, können wir beobachten, dass seine Partnerinnen immer sehr gut aussehen, nie ihre Periode oder keine Lust haben. Es ist immer wunderschön und um Verhütung müssen sie sich auch nicht kümmern.

Eine Zuhörerin kam nach einem Vortrag auf mich zu und sagte: »Genauso war's bei mir. So wie in einem James-Bond-Film wollte ich Sexualität erleben. Deshalb habe ich mit einem Jungen geschlafen. Hätte ich doch früher gehört, dass es diese Art von Sexualität nur im Film gibt.«

Die sexuelle Liebe ist etwas ganz Besonderes, aber auch sehr verletzlich. Sie braucht einen Schutzraum. Wir können mit ihr nicht beliebig machen, was wir wollen. Die sexuelle Liebe wird nicht immer gleich erlebt, auch dann nicht, wenn der Partner der gleiche ist. Auch hier gibt es Phasen, die sehr schön und Phasen, die schwierig sind. Phasen der Enthaltsamkeit und Phasen der Vereinigung wechseln sich ab. Da der ganze Mensch beteiligt ist, hat die momentane Gefühlslage, Müdigkeit, Trauer, Mutlosigkeit oder auch Freude, Ausgelassenheit einen großen Einfluss auf das Erleben der Sexualität. Es braucht eine große Vertrautheit zwischen den Personen, um sich gegenseitig geborgen zu fühlen. Sexualität als Einswerden zweier Menschen bedeutet, dass zwei Menschen lernen, sich aufeinander einzustimmen, sich aneinander zu verschenken und über das Erlebte miteinander auszutauschen. Dazu ist eine Basis an freundschaftlicher und selbstloser Liebe wichtig. Da es nicht nur um die Erfüllung der eigenen sexuellen Bedürfnisse geht, sondern auch um die des Partners, braucht es eine gewisse Reife, die befähigt, nicht nur auf sich zu schauen, sondern auch auf das zu achten, was dem anderen gut tut.

Intimverkehr ist mehr als ein körperlicher Akt. Es betrifft den ganzen Menschen.

Was wäre Ihr Ziel in der Sexualerziehung Ihres Kindes?

Ich wünsche meinen Kindern eine erfüllte Sexualität in einer lebenslangen Partnerschaft. Können voreheliche Erfahrungen mit einem oder mit mehreren Partnern der Erfüllung einer guten Sexualität im Wege stehen? Hat das, was ich mache, bis ich den Partner fürs Leben kennen lerne, Auswirkungen oder nicht?

Immer wieder sagen mir Teenager: »Ich würde es gerne nur einmal ausprobieren, damit ich weiß, was Geschlechtsverkehr ist.« Dann versuche ich ihnen darzulegen, dass man von einmal ausprobieren nicht erfasst, was der tiefe Sinn der Sexualität ist, dieses sich an den anderen verschenken.

Viele Jugendliche geben vor, schon alles über Sex zu wissen und die wenigsten würden zugeben, dass sie noch etwas lernen können. Lassen Sie sich davon nicht abhalten, mit Ihren Kindern zu reden!

Ich werde zum Thema Freundschaft, Liebe, Sexualität in eine 9. Klasse eingeladen. Als ich den Klassenlehrer morgens vor dem Unterricht treffe, sagt er: »Na, mal sehen, wie Sie das Interesse der Jugendlichen gewinnen. Als ich den Schülern/-innen das Thema Ihres Vortrages nannte, meinten einige: ›Was will die uns noch erzählen?‹«

Unsere Jugendlichen haben in regelmäßigen Abständen Aufklärungsunterricht in der Schule. Teilweise fängt es schon im Kindergarten an. Ich möchte hier anmerken, dass ich es eher für bedenklich halte, Kinder schon in so jungen Jahren über den Geschlechtsverkehr aufzuklären, es sei denn, sie stellen gezielte Fragen zu Hause, auf die man antwortet. Oft ist man überrascht, mit wie wenig Wissen die Kinder dann wieder zufrieden sind. Wenn man eine ganze Gruppe Kinder, die unterschiedliches Interesse haben, aufklärt, kann sonst Folgendes passieren:

Ein Kindergartenkind hatte morgens Aufklärungsunterricht. Abends sagt es seiner Mutter: »Mama, ich verspreche dir, so etwas werde ich nie machen.« »Was denn?«, fragt die Mutter. »Na du weißt schon, mein Glied in die Scheide stecken.«

Ein anderes Kind beschäftigte sich direkt nach dem Aufklärungsunterricht noch wochenlang danach mit der Frage, wie man so etwas machen kann.

Freunde von uns hatten Besuch, saßen gerade im Garten, als ihr 5-jähriger Sohn aus dem Kindergarten kam und mitten beim Mittagessen in die bunte Runde seine Mutter fixierte und fragte: »Mama, kann es sein, dass Ihr das schon 5 Mal gemacht habt?« Total überfordert bat sie um Erklärung, was sie getan haben soll und mit wem. Er daraufhin: »Ich weiß jetzt, wie das mit den Babys passiert und wir sind 5 Kinder, also müsst ihr das schon 5 Mal gemacht haben.«

Immer wieder erfährt man, dass sich junge Menschen vor der reinen Technik des Geschlechtsverkehrs fürchten. Wie kann man es auch ohne das Feuerwerk der Gefühle verstehen?

Manchmal ist es wichtig eine Person neben den Eltern zu haben, vielleicht die Patentante, den Bruder des Vaters, den Jugendleiter oder auch jemand, der Seminare zu dem Thema hält. Wem kann man vertrauen? Wem kann man Fragen stellen? Wie kann man das Gehörte verstehen? Ganz wichtig ist die Verschwiegenheit bei diesem sensiblen Thema. Meine Freundin schreibt sich mit ihrer Patentochter regelmäßig Mails. Jedes Mal wird betont, dass es unter den beiden bleiben soll. So ist ein gutes Vertrauensverhältnis gewachsen.

Wären Sie bereit, Ansprechpartner für die nächste Generation zu sein?

Ich kann mich noch gut an eine Gruppe von vier jungen Mädchen zwischen 15 und 16 Jahren erinnern. Ich war in Süddeutschland. Nach meinem Seminar schossen sie auf mich zu. »Haben Sie Zeit für uns? Wir haben so viele Fragen.« Danach unterhielten wir uns eine Stunde lang. Wie dankbar zogen sie ab. Ich hatte sie ernst genommen und auf Fragen, die sie schon lange stellen wollten, eine Antwort gegeben.

Auch eine andere Situation ist mir in lebhafter Erinnerung: »Frau Horn, bitte halten Sie mich nicht für dumm, aber ehrlich gesagt, weiß ich nicht, was Selbstbefriedigung ist. Können Sie mir das mal erklären?« Wie gut, wenn man jemand danach fragen kann.

Das Erlebte richtig einordnen scheint ein anderes Problem zu sein.

»Kondome kann man doch als Verhütungsmittel nicht verwenden, oder?«, fragte mich eine Teilnehmerin des Seminars hinterher unter vier Augen. »Wie kommen Sie darauf?«, wollte ich wissen. »Wir hatten vor ein paar Wochen einen ›Abischerz‹. Auf jedem Platz lag ein Kondom und wir wurden aufgefordert es aufzublasen. Alle Kondome sind geplatzt. Deshalb denke ich, dass Kondome nicht sicher sein können.«

Oft haben Jugendliche den Eindruck: »Ich weiß doch alles.« Aber das stellt sich manchmal als Irrtum heraus. Und das Gelernte dann auch noch umzusetzen, ist noch etwas anderes.

Eine Lehrerin sagte einmal: »Der Weg vom Wissen zum Umsetzen ist unendlich weit. Ein Jugendlicher kann morgens die Note 1 im Biologietest über Verhütungsmittel schreiben und abends mit einem Mädchen ungeschützten Geschlechtsverkehr praktizieren.«

Ich saß einmal in einer Runde von Jugendlichen, die mich davon überzeugen wollten, dass Geschlechtsverkehr zu jeder Freundschaft dazugehört. Sie schienen schon viel Erfahrung zu haben. Im Lauf des Gespräches kamen dann doch die ganz tiefen Sehnsüchte und Wünsche heraus. So meinten die Jungen, dass sie auch lieber ein Mädchen heiraten würden, das noch mit keinem anderen Jungen geschlafen hätte. Außerdem sprachen sie sehr abfällig über Klassenkameradinnen, die schon mehrere Freunde hatten. Ein Mädchen erzählte, dass ihr Bruder mit 13 Jahren von einer 18-Jährigen verführt worden wäre. Danach hätte er mehrere Mädchen gehabt. Als er dann Claudia ins Kino einladen wollte, sagte sie: »Nein, mit dir fange ich keine Beziehung an. Du hast schon mit so vielen anderen geschlafen.« Wir sprachen sehr ehrlich miteinander über beide Seiten der Medaille und ich habe sie bestärken können, ihren eigenen Gefühlen mehr zu trauen. Sie sind einem ungeheuren Druck ausgesetzt, den andere durch das, was sie erzählen und manchmal auch nur vorgeben, erlebt zu haben, auslösen. Am Ende des Gespräches sagte ein 16-Jähriger: »Jetzt bin ich aber richtig froh, dass ich auch noch ›Jungfrau‹ bin.«

Das Dreieck der Liebe

Die verschiedenen Liebesarten kann man in ein Dreieck anordnen. Die Basis einer Beziehung sollte die selbstlose Liebe bilden. Von der Gewichtung her kommt darüber die freundschaftliche Liebe. Die nächste Ebene bildet das Verliebtsein und die Spitze des Dreiecks bildet die sexuelle Liebe.

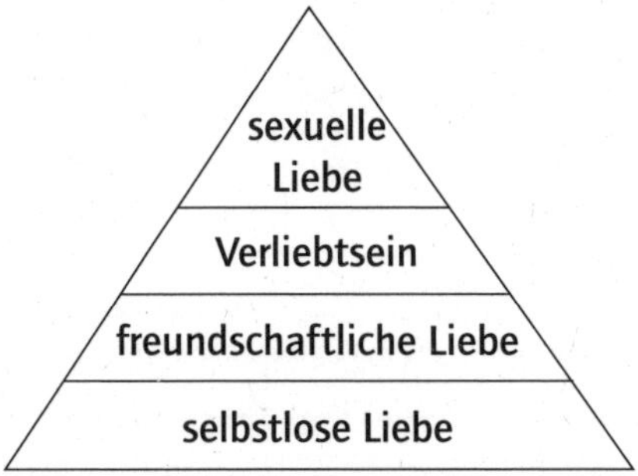

Wenn man das Dreieck auf den Kopf stellt, wird verdeutlicht, was passiert, wenn man ohne eine breite Basis an selbstloser und freundschaftlicher Liebe zu früh Sex praktiziert. Das Dreieck kippt. Auf sexuelle Anziehung und das Verliebtsein allein kann man keine Beziehung aufbauen.

Getragen wird eine Partnerschaft durch Freundschaft und die Liebe, die auch durch Krisen und Enttäuschungen hindurchträgt.

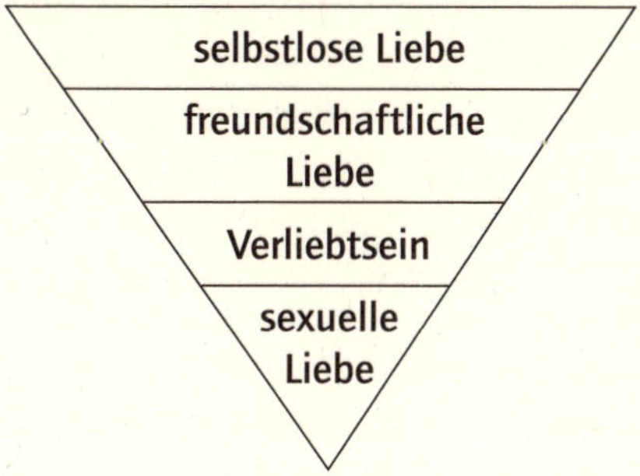

Tipps für Eltern

Anne und Jan sind seit einem Jahr zusammen. Sie sind beide 16 Jahre alt und gehen in die gleiche Klasse. Annes Eltern finden Jan sympathisch und laden eines Tages seine Eltern ein. Zwischen den Eltern entwickelt sich eine Freundschaft, man bietet sich gegenseitig das Du an und feiert gemeinsam Feste. Als Anne 17 ist, lässt ihre Liebe zu Jan nach. Ist er überhaupt der Richtige? Ihre Eltern beziehen ihn schon überall mit ein, als wäre er ihr Schwiegersohn. Er wird selbstverständlich auf alle Familienfeste eingeladen. Anne weiß nicht, wie sie mit ihren Eltern darüber reden soll. Als die Beziehung endgültig auseinander geht, fühlen sich die Eltern verletzt.

Aus vielen schmerzvollen Erfahrungen rate ich Ihnen als Eltern ab, eine Beziehung schon fester zu machen, als sie ist. Immer wieder geschieht es, dass Eltern mehr in eine Beziehung hineininterpretieren, als wirklich da ist. Eine Tochter wird von einem jungen Mann zum Abschlussball eingeladen und schon stellen sich die Eltern vor, wie die Hochzeitsglocken läuten. Im Interesse Ihrer Kinder bitte ich Sie: Fördern Sie keine Beziehung, indem Sie den momentanen Partner Ihres Kindes einladen oder schon eine Beziehung zu seinen Eltern anfangen. Lassen Sie Ihr Kind das Tempo der Beziehung bestimmen. Damit ich nicht falsch verstanden werde: Das heißt nicht, dass Sie nicht gastfreundlich sein können. Aber halten Sie sich etwas zurück, bis Ihnen auch das Kind sagt: »Wir wollen heiraten. Es ist sehr ernst.«

Kapitel 4

Die Welt, in der wir leben

Unter welchen Einflüssen werden unsere Kinder groß und wie hat sich die Gesellschaft in den letzten 50 Jahren gewandelt? Das soll Thema dieses Kapitels sein. Die Welt, in der wir leben, beeinflusst unser Denken, Fühlen und Handeln oft mehr, als wir wahrnehmen. Nur wenn wir uns das bewusst machen, sind wir auch in der Lage, uns dafür oder dagegen zu entscheiden.

Massive Verunsicherung der Jugendlichen

Ich bin Jahrgang 54, in einer Kleinstadt von 25 000 Einwohnern groß geworden und habe während der ganzen Schulzeit keine Ehescheidung bei Eltern von Klassenkameradinnen erlebt. Mein Vater war Landarzt. Wir hatten zu vielen Leuten Kontakt, aber Ehescheidungen waren eher die Ausnahme. Als ich mit 25 Jahren heiratete, bin ich ohne Angst in diese Ehe gegangen. Ich kam gar nicht auf die Idee, zu überlegen, ob diese Ehe scheitern könnte. Ich war so geprägt, dass man heiratete und verheiratet blieb – bis zum Tod.

Bei der heutigen Generation erlebe ich eine totale Verunsicherung in diesem Punkt. Sie haben Angst vor der Entscheidung zu heiraten. Ihnen fehlt das feste Fundament, dass sie es »schaffen« können. Selbst Kinder, die in stabilen Ehen aufgewachsen sind, fragen sich: »Kann ich eine Ehe durchhalten?« Und Kinder aus geschiedenen Elternhäusern denken: »Meine Eltern haben es nicht geschafft. Warum soll es mir anders gehen?«

Hinzu kommt, dass Kinder heutzutage viel mehr in Beziehungskrisen einbezogen werden, als das die Generation unserer Eltern mit uns getan hat. Die Ehe war früher ein Geheimnis. Selbst beste Freunde hatten häufig keine Ahnung, wie es um die Ehe der Menschen stand, mit denen sie oft zusammen waren. Man sprach nicht über Eheprobleme, man hielt sie irgendwie aus. Heutzutage wird nicht nur im Schlafzimmer gestritten. Auseinandersetzungen werden vor den Kindern ausgetragen, teilweise werden die Kinder sogar mit einbezogen. Ich erlebe immer wieder, dass Kinder ihren Müttern oder Vätern eine Scheidung direkt anraten, weil sie empfinden, diese gespannte Atmosphäre nicht mehr ertragen zu können. Kinder untereinander sprechen auch über die Eheprobleme ihrer Eltern und fühlen sich nicht selten schuldig an der Misere nach dem Motto: »Wenn ich nicht wäre, hätten sie nicht geheiratet« oder »wenn ich nicht wäre, hätten sie sich schon lange getrennt«.

Wenn wir uns in unsere Kinder hineinversetzen, verstehen wir ihre Verunsicherung. Wie können wir ihnen helfen, daran zu glauben, dass lebenslange Partnerschaften möglich sind, wenn ihre Augen etwas anderes sehen? Prominente in Politik, Wirtschaft und Kultur leben es uns anders vor. Ehescheidungen im Bekannten-, Freundes- und Verwandtenkreis kommen immer häufiger vor. Selbst in christlichen Gemeinden, denen man bisher immer attestiert hat, relativ scheidungsresistent zu sein, trennen sich Paare und lassen sich scheiden. Das macht Angst.

Tiefer Wunsch nach eigener Familie

Und doch scheint ein tiefer Wunsch nach einer festen verlässlichen Partnerschaft in die jungen Leute jeder Generation gepflanzt zu sein. In den Jugendgruppen, die ich in Schulen und Gemeinden besucht habe, wollten über 90% heiraten. Eine allgemeine Umfrage belegt, dass der Wunsch nach Familie unabhängig vom Alter an oberster Stelle der Wunschliste steht. Befragt wurden 14- bis 60-Jährige[5]. Viele glauben an die große Liebe. Dabei ist mir wichtig, den Jugendlichen ein realistisches, lebbares Bild von Partnerschaft zu zeichnen. »Ehen werden im Himmel geschlossen, aber auf der Erde gelebt«, hat einmal jemand gesagt. Wie lehren wir unsere Jugendlichen, keine überzogenen Erwartungen an Partnerschaft zu haben? Wann geben wir zu, dass jeder Stand seine guten, aber auch seine schwierigen Seiten beinhaltet? Es hat Vorteile als Single zu leben, es hat auch Vorteile verheiratet zu sein. Wenn Freundschaften geschlossen werden, haben Eltern und Jugendleiter eine wichtige Rat gebende Aufgabe. Passen eure Vorstellungen vom gemeinsamen Leben zusammen? Kannst du den Beruf deines Partners bejahen, unterstützen und mittragen? Wollt ihr Kinder haben? Fragen, über die man vielleicht nicht nachdenken will, die aber im Vorfeld einer dauerhaften Beziehung geklärt werden müssen. Besonders bei Freundschaften mit Andersgläubigen und Menschen aus verschiedenen Kulturkreisen ist es wichtig, den Kindern auch mögliche Schwierigkeiten vor Augen zu malen. Wir haben nun mal die unangenehme Aufgabe, auch die Stolpersteine im Leben der Kinder zu benennen. Manche sagen dann, dass ihr Kind doch sowieso nicht mehr auf sie hört. Aus eigener Erfahrung kann ich sagen, dass Kinder zwar oft desinteressiert tun, aber dass sie doch sehr genau zuhören. Wir werden unseren Kindern nicht alles ersparen können, aber als Eltern sollten wir uns die Freiheit nehmen, in ihr Leben zu sprechen. Natürlich tragen sie die Verantwortung für ihr Leben selbst und jede Generation hat in gewisser Weise auch das Recht, Fehler zu machen, aber es täte mir Leid, wenn mein Kind hinterher sagen würde: »Mama, warum habt ihr nicht mit mir darüber gesprochen?«

Erziehung im Wandel

Zur Zeit unserer Eltern wurden Jungen und Mädchen meistens in Schulen streng getrennt erzogen und gegenseitige Besuche fanden nur eingeschränkt statt und wurden streng überwacht. Erst im Tanzschulalter gab es erste Kontakte. Eltern und Gesellschaft waren sich einig, dass man mit dem Intimverkehr bis zur Ehe warten sollte und so war es auch nur ausnahmsweise gestattet, als Junge mit einem Mädchen allein in einem Zimmer zu sein. Gemeinsame Urlaube oder das Übernachten in einem Zimmer wären nicht nur ein Skandal gewesen, sondern sogar unter den Paragraphen der Kuppelei gefallen und somit ein Strafbestand gewesen.

Meine Generation erlebte dann die so genannte 68-er Revolution, in deren Folge Traditionen über den Haufen geworfen wurden. Die Ehe wurde für altmodisch erklärt. Offene Ehe, antiautoritäre Erziehung, freie Sexualität waren Schlagworte dieser Zeit. Es gab keine festlichen Feiern mehr für Schulabgänger, Beziehungen zwischen Eltern und Kindern zerbrachen, Kommunen entstanden. Es schien das große Zeitalter der Freiheit anzubrechen. Die freie Sexualität war in diesem Maß nur möglich, weil etwa zur gleichen Zeit von den Medizinern eine sichere Verhütungsmethode entwickelt wurde. 1960 kam die erste Antibabypille auf den Markt. Dadurch schien das Argument: »Schlafe nicht mit einem Mann vor der Ehe, denn du könntest schwanger werden« wegzufallen. Man probierte Ehe aus, lebte einfach so zusammen und glaubte, dass die sexuelle Freiheit die Erfüllung aller Wünsche sei.[6] Fast 50 Jahre später erleben wir, dass die offene Ehe viele Menschen verletzt und sich die antiautoritäre Erziehung nicht durchgesetzt hat.

Wie erzieht die heutige Generation ihre Kinder? Die meisten Eltern sind der Meinung, dass die Jugendlichen ihrem eigenen Fahrplan folgen. Sie müssten selbst wissen, was für sie gut sei und wann sie mit dem Intimverkehr beginnen wollen. Außerdem seien sie ja durch die Schule gut aufgeklärt. Eltern wollen ihren Kindern nicht im Weg stehen. Freunde beiderlei Geschlechts dürfen in einem Zimmer übernachten.

Als Eltern sollten wir vorsichtig sein, Kinder nicht durch unsere scheinbare Großzügigkeit in Situationen zu bringen, die sie selbst überhaupt nicht wollen.

Die 17-jährige Anja und ihre Mutter planten einen gemeinsamen Urlaub mit dem Freund der Mutter und Anjas Freund. Am Urlaubsort angekommen, packte das Mädchen gerade ihre Sachen im Zimmer der Mutter aus, als die Mutter vorschlug, ob Anja denn nicht mit ihrem Freund zusammenwohnen wolle. Anja fühlte sich total überfordert und wollte eigentlich nicht, ließ sich aber dann überreden.

Ähnlich erging es der Tochter von Bekannten. Sie hatte seit einem Jahr einen Freund, der zwei Zugstunden entfernt lebte. An Wochenenden kam er sie oft besuchen und schlief im Gästezimmer. An ihrem 16. Geburtstag sagten die Eltern: »Wir schenken dir, dass du ab heute mit deinem Freund zusammen ein Zimmer teilen darfst.«

Je mehr Erwachsene jugendliche Sexualität für normal halten, je schwerer ist es für Teenager, sich für die große Liebe aufzuheben. Ich glaube, dass es mehr junge Menschen gibt, als wir denken, die eine Sehnsucht in ihrem Herzen spüren, aber sich nicht unbedingt outen wollen, aus Angst verlacht zu werden. Es gehört sehr viel Selbstbewusstsein dazu, heute dazu zu stehen, Jungfrau zu sein und es auch bleiben zu wollen. Denn es scheint normal zu sein, wenn man eine Freundin hat, auch mit ihr zu schlafen. Jugendliche brauchen die Unterstützung der Erwachsenen, die es ihnen vorleben und ihre Fragen beantworten. Es gibt Organisationen wie »Wahre Liebe wartet«[7], die junge Menschen dazu motivieren, mit der Sexualität bis zur Ehe zu warten. Rainer Langhans[8], Mitbegründer der so genannten »Kommune 1«, einer Wohngemeinschaft der 68er-Generation, sagte in einer Fernsehsendung voraus, dass besonders junge Menschen ganz neu wieder den Sinn der Enthaltsamkeit entdecken werden. Am tragfähigsten ist eine vom Jugendlichen aus Überzeugung gefällte Entscheidung. Eine 20-jährige[9] Berufsschülerin gab zu dem Thema: »Was mich an der Krankheit AIDS betroffen macht« Folgendes zu bedenken:
»Es macht mich betroffen, dass beim Thema AIDS in der öffentlichen Diskussion die Frage im Vordergrund steht, wie man sich technisch vor dieser Krankheit schützen kann: ›Vertrauen ist gut, Kondome sind besser.‹ Gibt es

denn niemanden mehr, der uns Jugendlichen den Wert ehelicher Treue klar macht? Über Jahre wurde uns von Eltern, Lehrern und den Massenmedien erklärt: ›Tut, was euch Spaß macht. Lasst nur nichts aus.‹ Durch Jugendzeitschriften wie ›Bravo‹ wurde uns auch genau demonstriert, wie man das macht. Und wer mit dreizehn Jahren noch keinen Geschlechtsverkehr hatte, wurde als unnormal hingestellt. Wertvorstellungen und Ideale wurden verdreht. Was übrig bleibt ist eine katastrophale Orientierungslosigkeit unter uns Jugendlichen.«

Einfluss der Werbung

Die Werbung hat einen großen Einfluss auf das, was wir denken und fühlen, auf unsere Sehnsüchte und Wünsche. Es ist erstaunlich, wie oft Werbung Bezug auf Beziehungen nimmt.

Glücklich sein – aber nur kurz

Eine Autofirma warb für Jahreswagen mit dem Slogan: »Die glücklichsten Beziehungen dauern bei uns nur 12 Monate.« 1/3 der Reklame nahm das Bild eines vornüber geneigten Mannes ein, der weinte und dessen Beziehung offensichtlich gerade zerbrochen war. Was wird uns durch solche Bilder suggeriert? Es gibt keine dauerhaften Beziehungen, glückliche schon gar nicht.

Glücklich sein – ohne Heirat

Auf einer Postkarte las ich den Satz: Don't marry – be happy (Heirate nicht – sei glücklich). Nach dem Motto: Sei doch einfach so glücklich. Wozu denn heiraten?

Bei Scheidung gibt's Rabatt

Möbelkauf: Neulich warb ein großes Möbelhaus damit, bei Scheidung bis zu 20% Rabatt auf Möbel für den Neuanfang zu geben. Die Scheidungsurkunde müsste mitgebracht werden und dürfte nicht älter als ein halbes Jahr sein.

Feste: Auf der Visitenkarte eines Restaurants steht: Bei Scheidungsfeten geben wir Rabatt – versprochen.

Mein natürliches Empfinden sagt mir, dass Scheidung und Feste feiern nicht zusammenpassen. Es ist immer schmerzhaft, verstehen zu müssen, dass eine Ehe nicht mehr zu ertragen ist. Jede Beziehung hat mit Anziehung, Verliebtsein, Liebe, Sehnsucht, Träumen oder Wünschen angefangen. Bevor so eine Beziehung vor dem Scheidungsrichter endet, gehen Menschen durch tiefe Krisen. Wollen wir unseren jungen Leuten schon von klein auf sagen, dass Scheidung etwas Normales, etwas ist, das gefeiert werden sollte? Trauer und Trost ist in meinen Augen die bessere Antwort auf eine Scheidung als ein Fest.

Dreiecksbeziehungen

Lass dir nichts entgehen: Auf einer Brot-Verpackung stand der Werbeslogan: »Lass dir nichts entgehen, nimm beide.« Der Hersteller des Brotes und einer Margarine verloste 10 Reisen zu dritt im Wert von 5 000 Euro und 23 Schlemmerorgien. Auf der Rückseite war in der Mitte ein Mädchen abgebildet, das rechts und links gleichzeitig von je einem Mann geküsst wurde. Sowohl die Reisen als auch die Schlemmerorgien waren jeweils zu dritt anzutreten.

Sei clever: Für ein gemeinsames Studentenabonnement einer Zeitung und eines Magazins hieß der Werbeslogan: »Wer clever ist, nimmt beide.« Über die Hälfte der Werbung nimmt ein Foto ein. Auf dem Foto sehen wir die Rückseite einer Bank, auf der rechts außen eine junge Frau neben zwei jungen Männern sitzt. Der blonde Junge neben ihr ist offensichtlich ihr Freund, denn er hat den Arm um sie gelegt. Sie ihrerseits hält mit der linken Hand hinter dem Rücken ihres Freundes die Hand eines dunkelhaarigen Mannes, der neben ihrem Freund sitzt. Nach dem ersten Schmunzeln vergeht dem Betrachter spätestens dann das Lachen, wenn er sich in den mittleren Mann hineinversetzt.

Wer möchte schon eine Dreiecksbeziehung leben?

Verführung per Internet

Viele Teenager können besser mit dem Computer umgehen als ihre Eltern und die wenigsten Erziehungsberechtigten wissen, was ihre Kinder wirklich den ganzen Nachmittag vor dem PC machen. Wie schnell haben sie sich auf pornographische Seiten geklickt und geraten in Chaträumen in falsche Hände. Ich habe eine E-Mail[10] vor mir liegen, die sich an »Typen und Mädchen« richtet und sie einlädt, sich Life-Shows von allen möglichen abartigen Sexpraktiken anzuschauen. Wo nehmen wir als Erwachsene unsere Verantwortung wahr und helfen unseren jungen Leuten, sich selbst zu schützen? Aus der seelsorgerlichen Praxis ist bekannt, dass es Bilder gibt, die so einprägsam sind, dass man sie hinterher nur sehr schwer wieder los wird. Wie kann sich Sexualität gesund zwischen zwei Menschen entwickeln, wenn schon so viele Bilder und Filmsequenzen vor dem inneren Auge gespeichert sind? Wie schnell gerät man in den Strudel der Sucht – immer geiler, immer abartiger, immer öfter.

Sex zu jeder Zeit und mit jedem

Eine auflagenstarke Zeitung warb Ende 2002 mit eindeutigen Sprüchen und Bildern für:
Sex zu jeder Zeit: Man sah ein spärlich bekleidetes Mädchen, das ihre Brüste nur mit den Händen bedeckte. Im Hintergrund las man: »Mittags krieg ich Hunger. Auf Sex.«
Sex mit jedem: Oder man sah einen Kuss aus rotem Lippenstift auf nacktem Po mit dem Kommentar: »Der gehört meinem Schwager.«
Oder ein anderes Plakat zeigte einen schwangeren Bauch mit dem Untertitel: »Ich hab etwas gemeinsam mit meinem Chef: ein Kind.«

»Was geschieht, wenn wir tagtäglich solchen Bildern und Werbeplakaten ausgesetzt sind?«, wird in einem Artikel von Hyan-Ho Cha[11] gefragt oder auch: »Warum werden Frauen als willige, allzeit bereite Sexualobjekte dargestellt?« Während man sich in Süddeutschland mit massiven Protestaktionen gegen diese Serie wehrte, löste sie in anderen Regionen Deutschlands überhaupt keine Einwände aus.

Zunehmende Sexualisierung unserer Gesellschaft

Die Entwicklung der zunehmenden Sexualisierung unserer Gesellschaft hat Dominik Klenk[12] in seinem Artikel »Abgekocht wie die Frösche« sehr treffend beschrieben. Wir sind im Lauf der Jahre abgestumpft und regen uns nicht mehr darüber auf, dass es kaum noch Autoreklame ohne halb nackte Mädchen auf den Werbeplakaten gibt:

»Wenn man einen Frosch ins heiße Wasser wirft, springt er sofort wieder heraus. Was aber passiert, wenn man ihn in wohlig lauwarmer Brühe auf die Herdplatte schiebt? – Der Frosch wird langsam abgekocht, und zwar ohne dass er es merkt. Ganz ähnlich ergeht es uns. Langsam, aber systematisch wird seit gut drei Jahrzehnten die Betriebstemperatur der Sexualisierung unserer Lebenswelt erhöht. Die Abkocher sind bekannt: das tägli-

che nackte Titelmädchen in der ›Bild‹-Zeitung, die Schmuddeltalkshow der Privatsender, riesenhafte Plakatwerbung in unseren Innenstädten und jetzt auch Sex im Big-Brother-Container. Die Methode zeigt Wirkung: Erfolgreich hat man den Massen vermittelt, sexuelle Schamgrenzen seien ein Zeichen für mangelnde Lebensbejahung. Mit Gewalt drängen jetzt pornographische Angebote via Internet in unser Leben. Kaum ein Mann, der mit dieser Versuchung nicht zu kämpfen hat. Darum ist es ein Milliardengeschäft. Nacktes an jeder Straßenecke gilt nicht mehr als anstößig.«

Seitensprünge werden legitimiert

Kondomwerbung an fast allen Litfaß-Säulen als Hilfe gegen AIDS. Die Werbung ist ideenreich, sehr kreativ. Aber ich frage mich, warum man auch Seitensprünge bewerben muss. Große Plakate laden mich ein: Oben links steht die Frage: »Seitensprung?«. Und seitlich rechts hüpft ein knallgelbes Kondom aus dem Bild. Unten steht: »Mach's mit«. Es ist eine gemeinsame Aktion der Bundeszentrale für Aufklärung mit dem Fachbereich Außenwerbung e.V.[13]

Auch im Internet bekommt man Hilfen für den Seitensprung. Da lädt die Seite[14]: »Lust auf was NEUES?« mit Hilfe eines Mädchens ein.

Und auch die Lokalzeitungen schreiben Berichte[15] über Kurse in der Minneschule und bieten Trainingslager für Seitensprünge an. Der Anbieter verspricht, dass die Ratschläge in der Praxis geprüft seien.

Was können wir tun?

Vorbild sein

Bei all den Einflüssen, die auf uns einströmen, bleibt es unsere Verantwortung, wie wir uns prägen lassen. Wir haben die Verantwortung für das, was wir sehen oder hören, auf welche Seiten wir ins Internet gehen. Es wäre falsch, das Kind mit dem Bade auszuschütten und zu sagen: »Werbung ist schlecht. Computer muss ich aus dem Jugendzimmer verbannen. Zeitschriften darf man nicht lesen und Filme nicht ansehen.«

Ich muss lernen, zwischen dem zu unterscheiden, was der Entwicklung unserer Teenager gut tut und was ihr schadet. Oft lernen Kinder am Vorbild der Eltern. Es ist für Kinderohren unlogisch, wenn ich sage: »Rauchen ist schädlich«, es verbiete, selbst aber jeden Tag zwei Packungen rauche.

Genauso lernen sie auch an unserem Vorbild, wie wir mit Fernsehen, Computer und Kino umgehen. Wenn ich feststelle, dass mir bestimmte Szenen in Filmen nicht gut tun, sie mich anschließend unruhig schlafen lassen oder ich Alpträume bekomme, ich aber nicht die Verantwortung übernehme und den Fernsehapparat ausmache – wie sollen es meine Kinder lernen? Haben Sie Mut, aus Kinofilmen rauszugehen, auch wenn es Ihnen um das Geld Leid tut. Lernen Sie den Fernseher auszuschalten, auch wenn Sie dann nicht wissen, wie der Film ausgeht. Ich habe in meiner Jugend Filme gesehen, aus denen mich einzelne Szenen jahrelang verfolgt haben. Ich versuche meinen Kindern beizubringen, dass es mehr Mut erfordert, aus einem Film rauszugehen als in der Clique sitzen zu bleiben. Wenn man aber nicht rausgehen will oder vielleicht auch nicht kann, da man den Film als Schulveranstaltung ansieht, so kann man wenigstens die Augen schließen.

Kosten überschlagen

Wie oft gibt es Bettszenen in Filmen, die sehr erregend sind. Wie geht es dann mit den Gefühlen weiter? Hinterher möchte man mit einem Mädchen, einem Jungen oder auch dem Ehepartner schlafen, aber es ist nicht die Anziehung, die von dem geliebten Menschen ausgeht. Ist Ihnen schon mal die Idee gekommen, dass sich der Partner dann benutzt fühlen könnte?
Es gibt den Spruch: »Appetit kannst du dir überall holen, aber gegessen wird zu Hause.« Ich habe lange über diesen Spruch nachgedacht. Und ich glaube, dass er nicht richtig ist.

Möchten Sie, dass sich Ihr Mann Sexzeitschriften anschaut, um sich »Appetit« zu holen, damit er dann mit Ihnen eins wird? Auch in Gedanken könnte er dann mit der Frau aus dem Magazin schlafen. Ich glaube, dass das kein guter Rat ist.

Zum anderen könnte man sich fragen: »Warum stellt man einen Topf mit Wasser auf eine Feuerstelle, wenn man gar kein kochendes Wasser haben will?« Übertragen auf unser Thema: Wenn ich mich nicht durch den Geschlechtsverkehr anderer erregen lassen will, warum schaue ich dann hin?

Sexualität heißt eigentlich Intimverkehr, also etwas Verborgenes, etwas, das nur zwei Menschen angeht. Wie schaffen wir es wieder neu, Schamgrenzen zu achten? Es ist nicht normal, anderen beim Intimverkehr zuzuschauen, auch wenn uns das vorgegaukelt wird.

Romantik entwickeln lernen

Nehmen wir unseren Kindern nicht auch den Reiz der Romantik, wenn wir zu schnell Sexualität befürworten? Den anderen langsam besser kennen lernen, ihn ansehen, begehren im Wissen, die Sexualität noch nicht erleben zu können, macht das nicht auch den Reiz der Jugend aus?

Sexualität nicht anbieten

Nehmen wir ihnen die Chance beziehungsfähig zu werden, wenn wir ihnen die Sexualität zu früh anbieten? Bei einigen Eltern kommt es mir manchmal so vor. Sie scheinen die Kinder eher noch anzutreiben als zu bremsen. Sie machen den Vorschlag, mal mit der Tochter zum Frauenarzt zu gehen, um die Antibabypille verschreiben zu lassen. Sie fühlen sich fortschrittlich, als moderne Mütter und merken gar nicht, wie sie ihre Töchter überfordern. Ich beobachte oft, dass Eltern durch ihre Kinder das erleben wollen, was sie selbst nicht haben konnten. Sie haben sich nach Freiheit und liberalen Eltern gesehnt und verwirklichen es jetzt in ihren Kindern, ohne darüber nachzudenken, welche Folgen dieser Weg haben kann.

Die Welt mit Teenageraugen sehen

Im Musical »Westsidestory« sagt der Barbesitzer »Doc« zu einem jungen Mann namens »Action«, der in einen Bandenkrieg verwickelt ist: »Müsst ihr immer gegeneinander kämpfen? Als ich in deinem Alter war ...« Daraufhin unterbricht ihn der Junge und sagt: »Als du in meinem Alter warst, als mein ›Alter‹ in meinem Alter war, wann begreift ihr endlich, dass ihr nie in meinem Alter wart.« Das, was er sagen will, ist: »Ihr könnt euch nicht in mich hineinversetzen. Die Welt ist so anders geworden, dass ihr nicht einfach eure Jugend auf mich übertragen könnt. Das Einzige was gleich ist, ist die Anzahl der Jahre. Aber alles andere ist anders. Deshalb kann ich nicht genauso reagieren wie du.«

Die Welt hat sich geändert, die Verführung ist massiver geworden, das Rollenverständnis von Mann und Frau ist im Wandel und bewirkt eine Verunsicherung ebenso wie der Anstieg von Ehescheidungen. Es scheint alles möglich zu sein. Man ist tolerant. Jeder kann mit jedem zusammenleben. Keiner wird verachtet, weil er eine Geliebte hat oder seine Familie verlässt. Man scheint für alles Verständnis zu haben.

Zivilcourage zeigen

Wie kann man Kinder in einer Welt, die kaum noch Scham kennt, erziehen? Der erste Schritt in die richtige Richtung ist, sich die Welt mit offenen Augen anzusehen, in der unsere Kinder heute leben – und zwar durch ihre

Augen. Ein zweiter Schritt könnte auch bedeuten, sich nicht alles gefallen zu lassen, Leserbriefe zu schreiben, sich gegen bestimmte Werbeplakate schriftlich oder telefonisch zu wehren. Wir sind nicht hilflos allem ausgesetzt. Es wird unsere Kinder prägen, wenn sie an uns Zivilcourage sehen und dass wir bereit sind, für unsere Überzeugungen Kraft, Zeit und Geld einzusetzen, um uns schützend vor die Jugend zu stellen. Wir Erwachsene haben eine Verantwortung für die nächste Generation.

Kapitel 5

»Alles spricht dafür!«, sagen die Jugendlichen

Wie geht es Ihnen, wenn Sie darüber nachdenken, ob es Argumente für Geschlechtsverkehr unter Teenagern gibt? Manchmal sagen Erwachsene: »Es gibt keine Gründe dafür.« Darauf möchte ich etwas provozierend antworten: »Dann würde es ja niemand machen.«

Es gibt Gründe. Es ist wahr, dass Sexualität Spaß macht, um nur einen zu nennen. Aber ist dieser Grund ausreichend, es auch zu tun?

Eröffnen Sie ein Gespräch mit Ihrem Kind nicht damit, dass es keine Gründe für Geschlechtsverkehr unter Teenies geben würde. Ich ermutige Sie und Ihr Kind sogar, darüber nachzudenken, ehrlich zu sein, sich nichts vorzumachen. Nur in der Auseinandersetzung mit Pro und Kontra kann ich die für mich richtige Entscheidung treffen.

Das Gleichheits- und das Gabenprinzip

Bevor wir uns näher mit den Gründen der Teenager für Geschlechtsverkehr zwischen 13- bis 17-Jährigen befassen, möchte ich Ihnen das Gleichheits- und Gabenprinzip erklären, das Sie in jedem Leben entdecken können und das uns oft unbewusst zu Handlungen bewegt.

Das Gleichheitsprinzip

Das Gleichheitsprinzip bedeutet, dass alle Menschen gleich sind, in dem Sinne, dass jeder Mensch vor Gott und auch vor dem Staat den gleichen Wert besitzt. Letzteres ist im Grundgesetz[16] Artikel 3.1 festgelegt. Ein Beispiel aus unserem täglichen Leben für das Gleichheitsprinzip ist eine Ampel. Die Ampel behandelt jeden gleich, egal ob er einen Ferrari oder eine Ente fährt, egal ob er reich oder arm ist, egal ob er eine Frau oder ein Mann ist. Bei Rot muss jedes Auto halten.

Oft verkörpert die Mutter eher dieses Prinzip in der Elternkonstellation. Sie kümmert sich um jedes Kind und versorgt die Kinder mit dem, was sie brauchen. Es ist wichtig im Leben zu erfahren, dass jeder etwas zu essen, genug zum Anziehen und eine Schulausbildung bekommt.

Schon als Kinder fordern wir Gleichberechtigung innerhalb der Familie, des Kindergartens und der Schule.

Geschwister kämpfen oft um die Liebe der Eltern und darum gleich geliebt, sprich gleich behandelt zu werden. In der Schule achtet man auf die kleinste Bevorzugung des Lehrers und sucht stets die Gerechtigkeit. Wir sind alle empfindlich in diesem Bereich und brauchen die Erfahrung, dass unsere Bedürfnisse ernst genommen und gestillt werden.

Dieses Prinzip erklärt, warum der junge Mensch sich in einer Gruppe oder Clique geborgen fühlt und unter allen Umständen dazugehören will. Er will so sein wie alle. Er will gleich sein, nichts Besonderes und auch kein Außenseiter, einfach nur normal.

Das Gabenprinzip

Das Gabenprinzip beinhaltet, dass jeder anders ist, jeder eine einzigartige Gabenkombination hat. Es gibt Bevorzugungen. Nicht alle werden gleich gefördert: mal ist es der Beste, mal der Schlechteste, mal der Sympathischste, mal der Schönste, mal der, der am besten reden kann. Ausnahmen bestätigen die Regel. Es gibt Wettkämpfe, der Beste sein zu wollen und oft ist der Sieger der Bejubelte.

Durch das Gabenprinzip lernt der junge Mensch, dass er eine einzigartige Persönlichkeit ist und er bekommt Mut, Individuum zu werden. Er darf anders sein. Wichtig ist, dass die Bestätigung durch Autoritätspersonen kommt. Hier kommt dem Vater eine besondere Rolle zu, den jungen Menschen in seine Identität hineinzubegleiten.

Öffnen Sie Ihrem Jugendlichen die Augen für seine Gaben. Er sehnt sich danach zu erleben, dass man an ihn glaubt. Das ist eine Voraussetzung, damit er Mut bekommt, anders zu sein. Dann kann er zum Beispiel aufs Rauchen verzichten, obwohl es die anderen machen, und zu seiner Überzeugung stehen, dass Rauchen die Gesundheit gefährdet.

Wenn der junge Mensch in seiner Entwicklung, »Ich« zu werden, nicht gestärkt wird, sucht er die Anerkennung der Gleichaltrigen um fast jeden Preis. Er ist abhängig von der Meinung anderer bis dahin, sich selbst zu verleugnen. Er will nicht auffallen, er will einer von ihnen sein. Er tut Dinge, die er nicht will, um anderen zu gefallen. Das Phänomen nennt man Cliquendenken.

Tipp
Helfen Sie Ihren Kindern, zu den beiden Prinzipien in ihrem Leben »Ja« zu sagen, die Motive für Gefühle und Handlungen zu durchschauen und die richtigen Entscheidungen zu treffen.

Jeder wird als Original geboren, aber leider enden viele als Kopie. Kopieren ist nicht grundsätzlich falsch, im Gegenteil, vieles lernt man am Vorbild. Wir dürfen aber nicht beim Kopieren stehen bleiben, sonst verpassen wir die Chance eine einzigartige Persönlichkeit zu werden.

Ziele definieren
Jedes Ziel im Leben kann nur erreicht werden, wenn man auch bereit ist den Weg dorthin zu gehen.

Anhand der Berufswahl könnte man es dem Teenager verständlich machen. Weiß Ihre Tochter schon, was sie später einmal werden möchte? Wie könnte der Weg zum Lehrer für Ihren Sohn in Klasse 9 aussehen?

Klasse 9→Abitur→Bundeswehr/Zivildienst→Studium→Referendariat→Lehrer
15 J. 19 J. 20 J. 25 J. 27 J.

Erst die Klasse 10 mit Fachoberschulreife (FORQ) abschließen, dann das Abitur bestehen, Bundeswehr oder Zivildienst absolvieren und die Bedingungen von Studium und Referendariat erfüllen. Unter dem Strich bedeutet das noch ca. 12 Jahre Ausbildung.

Wird er bereit sein, den Weg zu gehen, so viel zu lernen, auch zu lernen, wenn andere feiern?

Während meines Studiums hatte ich eine Karte an der Pinnwand hängen. Als Hintergrund waren viele kleine, weiße Neins gezeichnet, im Vordergrund stand in großen Buchstaben der Satz: »Das Ja zu einem großen Ziel verlangt viele Neins.« Jugendliche lieben prägnante Sätze, die sie sich an die Pinnwand hängen können.

Die Frage ist nun, ob es auch im Zwischenmenschlichen solche Ziele und Wege gibt.

Fragen Sie Ihren Teenie: »Was ist dein Ziel? Willst du heiraten, eine feste Partnerschaft eingehen, Kinder bekommen? Willst du eine erfüllte, glückliche Sexualität in einer stabilen, lebenslangen Partnerschaft?«

Daran könnten sich Anschlussfragen ergeben wie: »Glaubst du, dass es egal ist, was du bis zum Kennenlernen deines Partners tust? Haben deine jetzigen Beziehungen, deine sexuellen Erfahrungen als Jugendlicher Einfluss auf deine spätere Partnerschaft oder nicht?«

Teenagerargumente für Geschlechtsverkehr unter Jugendlichen

Teenager antworten auf die Frage, welche Argumente es für Geschlechtsverkehr unter Jugendlichen gibt, oft Folgendes:

- Alle machen es. Ich will mitreden können. Ich will kein Mauerblümchen sein.
- Ich bin neugierig. Ich möchte es einfach mal ausprobieren. Ich möchte Erfahrungen sammeln.
- Es macht Spaß. Ich habe Lust dazu.
- Die Gelegenheit war günstig.
- Es gehört zu einer Freundschaft dazu.
- Man fühlt sich erwachsen.
- Mein Partner drängt mich, ich habe Angst ihn zu verlieren.
- Ich will keine Katze im Sack kaufen.

Liebevolles Hinterfragen dieser Argumente

Ich möchte Ihnen Mut machen, Ihren Jugendlichen auf der einen Seite das Gefühl zu geben, dass Sie verstehen, dass es nicht einfach ist, mit dem Ausleben der Sexualität zu warten und auf der anderen Seite die Argumente der Jugendlichen zu hinterfragen, damit sie selbst merken: »Eigentlich halten die Argumente einer ernsthaften Überprüfung im Licht des Zieles nicht stand.«

Alle machen es. Ich will mitreden können. Ich will kein Mauerblümchen sein.

Gruppendruck, mitreden können ist ein sehr großes Thema unter Teenagern. Jugendliche wollen einer von vielen sein, dazugehören, in einer Clique anerkannt sein.

Wer hat als Erstes ein Mädchen verführt, wer hat am meisten Jungen geküsst. Man scheint in der Achtung der Gleichaltrigen zu steigen, wenn man als Erster dieses neue Gebiet erobert hat. Und man wird gnadenlos für altmodisch erklärt, wenn man mit 14 Jahren sagt: »Ich will mich für den Mann oder die Frau aufheben, den / die ich einmal heiraten werde.« Das sei naiv, weltfremd und heutzutage nicht mehr zeitgemäß.

Diese Vorstellung erscheint wie eine Festung. Fragen Sie die Jugendlichen, ob sie sich einen Partner wünschen, der schon mit mehreren anderen vorher intim war. Auf einmal werden sie nachdenklich. Sie spüren, dass sie sich sogar wünschen, dass sich jemand für sie aufhebt.

Sollten wir nicht die jungen Leute darin bestärken, dass man sich nicht danach orientieren muss, was »alle« tun?

Ich bin neugierig. Ich möchte es einfach mal ausprobieren. Ich möchte Erfahrungen sammeln.

Jeder Mensch, jede Generation hat ein Recht auf eigene Erfahrungen. Es ist gut und richtig, neugierig zu sein. Aber wir dürfen dabei unser Ziel nicht aus dem Auge verlieren, das Ziel einer erfüllenden Sexualität in einer stabilen Partnerschaft.

Nach einem Seminar kam ein Mädchen auf mich zu und sagte: »Ich möchte nur einmal mit einem Jungen schlafen.« Sie meinte damit, dass es ihr egal sei, mit wem. »Frau Horn, ich habe zwar jetzt verstanden, dass es sein könnte, dass ich geschlechtskrank würde, aber ich möchte es immer noch gerne ausprobieren. Würde es nicht reichen, gleich danach zum Frauenarzt zu gehen?«

Daraufhin habe ich sie gefragt: »Möchtest du denn, dass jemand mit dir schläft, um es auszuprobieren? Meinst du nicht, dass das sehr weh tut, wenn man merkt, dass man nur benutzt wurde?« Manche Argumente lösen sich in Luft auf, wenn man sich in die Lage des anderen versetzt. Außerdem stellt sich die Frage, ob man erfassen kann, was sexuelle Liebe ist, wenn man einmal mit jemand geschlafen hat.

Erfahrungen sammeln ist das Argument, das in keinem Seminar fehlt. Was bedeutet es für eine spätere Partnerschaft, wenn ich schon Erfahrungen gesammelt habe? Es kann sein, dass sowohl die guten wie die schlechten Erfahrungen als Teenager massive Auswirkungen auf das spätere Sexualleben haben.

Nehmen wir an, dass ein 16-Jähriger eine glückliche intime Beziehung hat, vielleicht mit 18 Jahren noch eine und dann lernt er die Frau fürs Leben kennen. Was für Auswirkungen könnten die Erfahrungen haben? In einem Seminar sagte mal ein mittlerweile verheirateter Mann: »Wenn ich eins noch mal ändern würde, dann dass ich mit so vielen Frauen geschlafen habe. Heute erkenne ich, dass gerade die schönen Erfahrungen mich heute daran hindern, eine gute Sexualität mit meiner eigenen Frau zu entwickeln. Immer wieder muss ich an die anderen denken, ob ich will oder nicht.«

Wie wird man reagieren, wenn man verletzt wurde? Dann ist man sehr zurückhaltend bis abweisend in einer neuen Partnerschaft und Ehe. Nirgendwo ist Liebe und Hass - oder sagen wir besser Begierde und Ablehnung - so nah beieinander wie beim Intimverkehr. Menschen, die sich von der Begierde haben hinreißen lassen, mit der Freundin des Freundes zu schlafen, empfinden hinterher oft eine genauso große Abneigung. Die Lust ließ sie eine rosarote Brille tragen, die dann nach dem Geschlechtsakt runterfällt. Dann ist man wütend auf die Frau, die keinen Widerstand leistete, teilweise auf sich selbst, weil man sich den Gefühlen so hingegeben hat. Es wird einem schlagartig bewusst, wie zerstörerisch Lust sein kann. Ob die Beziehung zum Freund je wieder gekittet werden kann?

Ich glaube nicht, dass man vor der Ehe Erfahrungen haben muss, um später eine glückliche Sexualität leben zu können. Ich berate gerade wieder ein Paar, die beide vorehelichen Geschlechtsverkehr mit anderen Partnern hatten und darunter leiden, dass sie immer wieder an diese Ex-Freunde denken müssen. Wer spricht mit unseren Jugendlichen darüber?

Es macht Spaß. Ich habe Lust dazu.

Ohne Zweifel macht Sex sehr viel Spaß und es wäre fatal, wenn wir das unseren Jugendlichen ausreden würden. Oder sagen wir besser: Es kann sehr viel Spaß machen. Damit wären wir wieder beim Thema, dass unsere Kinder ein realistisches Bild von sexueller Liebe brauchen. Sex kann Spaß machen, wenn auch nicht immer. Sex ist sehr abhängig von der momentanen Stimmung, der körperlichen Kraft, der Gesundheit, der Hormonlage der Frau und deshalb nicht immer gleich.

Kann man alles bekommen, worauf man Lust hat? Wie ist es mit der wichtigen Fähigkeit des Verzichts? Manche Mediziner und Lehrer beobachten, dass Sex wie eine Art Hobby gehandhabt wird. Zwei, die noch nicht einmal eine Beziehung haben, schlafen miteinander, weil sie Sex haben wollen. Das geht so lange gut, so lange nicht einer von beiden mehr darin sieht.

Wie kann man ein Leben lang treu sein, wenn man nach Lust und Laune lebt? Enthaltsamkeit ist eine wichtige Eigenschaft, die man auch im Sexuellen einüben sollte. Auch später gibt es immer wieder Zeiten, in denen man enthaltsam leben muss - Schwangerschaft, Krankheit, Auslandsaufenthalte beruflicher Art – und es ist gut, wenn man als junger Mensch gelernt hat, dass die Gefühle nicht mich steuern, sondern sich die Gefühle meinem Willen unterordnen können.

Die Gelegenheit war günstig.
Jugendliche schauen mich immer ganz ungläubig an, wenn ich davon spreche, dass man Geschlechtsverkehr planen kann. Sie wollen lieber alles dem Zufall und den Gefühlen überlassen. Man kann doch nicht technisch an die sexuelle Liebe rangehen, nach dem Motto: Heute schalte ich das Radio ein. Entweder man ist in Stimmung oder nicht, entweder die Gelegenheit ist günstig oder nicht. Entweder die Party ist gut und es entwickelt sich etwas oder nicht.

Trotzdem ist es so, dass auch der Geschlechtsverkehr, der zustande kommt, weil die Gelegenheit günstig war, zuerst mal im Kopf vorbereitet wurde. Nur wenn man es in Gedanken schon durchgespielt hat, ist man bei günstiger Gelegenheit bereit, es zu machen. Jeder Geschlechtsverkehr beginnt im Kopf. Deshalb muss ich auch in Gedanken eine Entscheidung treffen, damit ich *nicht* von günstigen Gelegenheiten überrollt werde.

Ich frage Jugendliche immer, warum heute noch Mädchen schwanger werden. Keine Generation vor ihnen war so aufgeklärt, wusste so viel über Verhütung.

Eine Antwort ist dann: Die Gelegenheit war günstig und man hatte gerade kein Kondom zur Hand. Im Kopf spukte außerdem der Gedanke herum: »Beim ersten Mal passiert doch nichts.«

Es gehört zu einer Freundschaft dazu.
Viele Menschen würden sagen, dass das Ausleben von sexuellen Gefühlen mit zu einer Freundschaft zwischen Jungen und Mädchen gehört. Vordergründig ist auch nicht einzusehen, warum man diese wunderbaren Gefühle unterdrücken sollte. Doch sollte man Folgendes bedenken: Wenn man sehr schnell intim wird, entsteht eine Bindung im Körperlichen, die es schwer macht, rechtzeitig zu erkennen, dass es nicht der Partner fürs Leben ist und dann auch eine Lösung der Freundschaft zu vollziehen. Außerdem kann die sexuelle Nähe verhindern, dass man eine freundschaftliche Liebe aufbaut, sich kennen lernt, da man sich nicht so viel Zeit für Gespräche und Unternehmungen nimmt.

Man fühlt sich erwachsen.

Cool ist das, was Erwachsene tun und was man vielleicht vom Alter her eigentlich noch nicht darf. Grenzübertretungen und Mutproben stehen auf der Tagesordnung. Das fängt beim Rauchen und beim Alkohol an und dazu scheint auch das Gebiet des Geschlechtsverkehrs zu gehören.

Eine Frau erobern, einen Mann verführen. So oft schon hat man es in Filmen gesehen, in Büchern gelesen. Man hat es sich oft ausgemalt, wie es sein wird, wer es wohl sein wird und wann es wohl sein wird, dieses erste Mal, und dann geschieht es. Man kann es kaum für sich behalten, man möchte es der ganzen Welt mitteilen. Viele Eltern sehen es den Kindern an. Es scheint eine Zeitrechnung vor dem ersten Mal und nach dem ersten Mal zu geben. Jugendliche wollen erwachsen sein, sich als Mann und Frau fühlen, nicht mehr als Junge und Mädchen - und auf diese Weise drücken sie es aus.

Wie begleiten wir unsere Teenies auf diesem Weg und wie helfen wir ihnen sich zu lösen?

Mein Mann und ich unterhalten uns oft darüber, dass wir in unserer Kultur nicht nur einen Zeitpunkt bräuchten, sondern ein Fest, an dem wir unseren Kindern sagen: »Ab heute bist du für mich eine Frau oder ein Mann.« Wann bekommen unsere Kinder diesen Zuspruch, dass wir es ihnen zutrauen, als Erwachsene ihren Weg weiterzugehen?

Bei den Indianern gibt es einen Zeitpunkt, an dem die Jungen auf die Jagd dürfen. Oft müssen sie noch Mutproben bestehen und dann besteht kein Zweifel mehr daran, dass sie von den anderen Männern anerkannt sind.

In unserer Familie feiern wir den 18. Geburtstag unserer Kinder immer sehr groß mit Verwandten und Freunden um zu signalisieren: »Schaut her, unser Sohn / unsere Tochter ist 18 Jahre alt, er / sie ist volljährig.« Spürt Ihr Teenager, dass Sie ihm zutrauen, bald sein Leben eigenverantwortlich meistern zu können?

Mein Partner drängt mich, ich habe Angst ihn zu verlieren.

Immer wieder wird dieses Argument gebracht. Wir sollten unseren Kindern den Rücken stärken. Druck und Erpressung sind mit Liebe nicht vereinbar.

Sagen Sie Ihrer Tochter: »Wenn dein Freund jetzt schon mit Erpressung in der Beziehung arbeitet, dann ist es nicht der richtige Freund für dich.«

»Jeder Mann, der dich wirklich liebt, kann warten«, sagte mein Vater und ich würde dies genauso meinem Sohn sagen: »Jede Frau, die dich wirklich liebt, kann warten.«

Ich will keine Katze im Sack kaufen

»Ich möchte vorher wissen, ob wir sexuell zusammenpassen«, soll der Satz wohl aussagen. Die Aussage: »Ich will keine Katze im Sack kaufen« lässt uns glauben, dass es nach einer Probezeit auf sexuellem Gebiet so etwas wie eine Garantie auf die nächsten 30-40 Jahre geben könnte. Einmal gut, immer gut. Dazu möchte ich einige Anmerkungen aus der Paarseelsorge geben. Es gibt Paare, die zu Beginn der Beziehung sehr gut im sexuellen Bereich harmonierten, aber dann nicht mehr. Manche fragen sich selbst, wo die gegenseitige Anziehung geblieben ist. Andere Paare taten sich am Anfang vielleicht schwer und erlebten dann im Lauf der Zeit einen immer freier werdenden Umgang miteinander. Die Fähigkeit, sich dem anderen hinzugeben und Freude dabei zu empfinden, wird erst entdeckt und entwickelt sich im Lauf der Zeit erst richtig. Die sexuelle Liebe ist eine sehr empfindliche Liebessprache, die gut gepflegt werden muss, damit sie nicht verletzt wird und verloren geht. Sie ist sehr abhängig von Stimmungsschwankungen, dem Erleben von beruflichem Erfolg und Misserfolg und der Hormonlage. Verletzungen in diesem Bereich hinterlassen oft tiefe Wunden. Außerdem gibt es Zeiten der Enthaltsamkeit bedingt durch Krankheiten, Schwangerschaften, Entbindungen und Stillzeiten. Auch die Art der Verhütung kann einen großen Einfluss auf die sexuelle Lust haben. Über all das muss gesprochen werden. Es gehört eine große Vertrautheit dazu, sich ehrlich miteinander auszutauschen. Die sexuelle Liebe ist etwas Besonderes, ein festes Band, eine einzigartige Liebe, die nur den beiden Eheleuten gehört und die sie mit niemand anderem teilen.

Die Kernfrage ist, welchen Stellenwert die sexuelle Liebe im Zusammenleben zweier Menschen hat. Oder anders gefragt: »Wenn es nach fünf Jahren, aus welchen Gründen auch immer, im sexuellen Bereich nicht mehr klappen sollte – wäre das ein Grund die Beziehung zu lösen? Oder liebe ich den Menschen trotzdem?«

Ist das Versprechen, dem anderen in guten und in schlechten Tagen treu zu sein, ehrlich gemeint und bezieht es sich auch auf den sexuellen Bereich? Ist unsere selbstlose Liebe stark genug, Durststrecken auf sexuellem Gebiet durchzustehen? Wäre ich bereit, auf diesem Gebiet Hilfe in Anspruch zu nehmen? Es gibt sehr gute Bücher, Seminare, Seelsorgeangebote bis hin zu Ärzten und Psychologen, die auf dem Gebiet der sexuellen Störungen einen Schwerpunkt haben.

Manchmal kommt es mir so vor, als ob die Sexualität einen viel zu hohen Stellenwert in unserem Leben hat. Wir werden durch die Medien davon unterrichtet, wie oft man als deutscher Mann pro Woche Geschlechtsverkehr hat oder haben sollte und ob man im Vergleich mit Franzosen und Italienern eher liebesmüde oder ein feuriger Liebhaber ist. In Filmen und Zeitschriften werden alle möglichen Techniken und Variationen vorgestellt. Dies kann zu Leistungsdruck führen.

Wenn ich wüsste, dass mein Freund jetzt mit mir schlafen wollte, nur um zu wissen, ob es in der Ehe auch klappt, würde ich mich wahrscheinlich total verkrampfen.

Ich kann eben nicht alles vorher absichern. Sonst sagt der Nächste: »Ich heirate dich erst, wenn du auch Kinder bekommen kannst. Bevor du nicht schwanger geworden bist oder ein Kind in mir gezeugt hast, bestellen wir kein Aufgebot.«

Genauso wenig wie man auf sexuellem Gebiet eine Probezeit mit anschließender jahrzehntelanger Garantie erwerben kann, genauso wenig kann man Ehe ausprobieren. Wie ist es sonst möglich, dass Frauen und Männer drei bis sieben Jahre unverheiratet zusammenleben, dann heiraten und sich nach ein bis fünf Jahren wieder scheiden lassen? Ob eine Ehe trotz Krisen weiter Bestand hat, ist abhängig von dem festen Entschluss: »Ich will dir treu sein, ich will mit dir durch dick und dünn gehen.« Ich sage nicht beim Eheversprechen: »Ich will bei dir bleiben, solange es gut geht.« Sondern: »Ich will bei dir bleiben in guten und in schlechten Tagen, bis dass der Tod uns scheidet.«

Kapitel 6

»Was spricht dagegen?«, fragen sich die Eltern

»Ich möchte nicht, dass Sie den Kindern die Freude an der Sexualität nehmen, indem Sie ihnen von Geschlechtskrankheiten erzählen«, meinte neulich eine Lehrerin zu mir und lehnte das Angebot, bei ihr in der Klasse ein Seminar durchzuführen, ab.

Kennen Sie auch solche Gedanken bei der Vorstellung, Ihren Jugendlichen von den Schattenseiten der Sexualität zu erzählen? Haben Sie Bedenken, die gesunde Entwicklung einer erfüllten Sexualität Ihrer Kinder zu stören, wenn Sie das Thema mit Angst vor Schwangerschaft und Geschlechtskrankheiten belegen?

Ich kann Ihre Bedenken gut verstehen und wünsche mir, dass wir ganz behutsam an dieses sensible Thema herangehen.

Jugendliche werden nun zunehmend auf allen Gebieten mehr Eigenverantwortung bekommen und wir sollten sie informieren, damit sie gute Entscheidungen für ihr Leben treffen können.

Versuchen Sie Ihren Teenagern das Gefühl zu geben, dass Sie ihnen nichts wegnehmen, sondern dass Sie ihnen im Gegenteil helfen wollen, ihren Wunsch nach einer erfüllenden Sexualität nicht vorzeitig zu zerstören.

Das Ausleben der Sexualität setzt eine gewisse Reife voraus

»Ich plädiere dafür, das Alter für den Führerschein auf 14 Jahre herabzusetzen. Die Technik des Autofahrens ist auch für 14-Jährige gut zu beherrschen.«

Was würde folgende These bei Ihren heranwachsenden Kindern auslösen?

Vielleicht können Sie noch eine weitere Frage hinzufügen: »Was meint ihr, warum der Gesetzgeber - von Ausnahmen abgesehen - erst 18-Jährigen erlaubt, den Führerschein zu erwerben?«

Interessanterweise würde kaum ein Jugendlicher das Alter für den Führerschein herabsetzen. Sie spüren das Potenzial des Missbrauches, wenn man 14- bis 17-Jährigen schon den Führerschein anbieten würde.

Folgende Einwände werden häufig genannt:

- Viele Jugendliche würden das Autofahren zum Abreagieren von Aggressionen, zu Mutproben und Wettfahrten nutzen.
- Teenager können Gefahren noch nicht richtig einschätzen oder würden sich selbst und andere gefährden.
- Jugendliche brauchen eine gewisse Reife, um auf Alkohol zu verzichten, wenn alle auf Partys trinken und sie versprochen haben, die Freunde nach Hause zu fahren.
- Jugendliche können nicht zur Rechenschaft für ihr Handeln gezogen werden, da man erst als 18-Jähriger strafmündig ist.

Zusammenfassend wird die fehlende Reife der Teenager als Grund angeführt, warum man die Altersgrenze für den Führerschein nicht herabsetzen sollte.

Der Staat hat die Aufgabe, seine Bürger zu schützen, wenn nötig auch voreinander. Im Straßenverkehr tragen wir nicht nur die Verantwortung für unser eigenes Leben, sondern auch für das Leben der anderen. Bei einem Unfall können außer mir Mitfahrer Unbeteiligte und Unfallgegner verletzt oder sogar getötet werden.

Um ein Auto fahren zu können, muss ich einen Führerschein machen. Ich erlerne die Regeln des Straßenverkehrs und man sagt mir sehr genau, was passieren kann, wenn ich die Regeln verletze.

Die Situation im Straßenverkehr kann man sehr gut auf die Sexualität übertragen. Auch hier gilt es, bestimmte Verhaltensregeln zu erlernen und zu beachten, um mich und den anderen möglichst zu schützen. Und ich muss ebenfalls bereit sein, die Konsequenzen meines Handelns zu tragen.

Bei allen Pro- und Kontra-Argumenten ist mir dabei sehr wichtig, den Jugendlichen zu sagen, dass das Elternhaus immer eine offene Tür für sie behält - egal, ob sie sich an meine Ratschläge halten oder nicht. Ich möchte, dass sie sich für den Richtigen aufheben und werde auch versuchen, es so zu erklären, dass sie es verstehen können. Sollten sie aber doch ein Kind erwarten oder andere Probleme haben, dann stehen wir als Eltern mit offenen Armen da und wir werden gemeinsam eine Lösung finden.

Eine Jungfrau / ein junger Mann ist wie eine noch nicht geprägte Münze. Der erste Geschlechtsverkehr kann die Münze unvergesslich prägen.
Der erste Geschlechtsverkehr ist ein sehr prägendes Erlebnis. Viele Menschen können sich noch genau an das »erste Mal« erinnern. Sie können den Ort beschreiben, wo es stattfand, wissen, welche Kleidung sie trugen und wie sich die Zeit vorher gestaltete.

Urologen berichten, dass nicht nur Frauen, sondern auch Männer durch das erste Mal sehr geprägt werden können. Immer wieder werden sie von jungen Männern in der Sprechstunde aufgesucht, die ihr »erstes Mal« in schlechter Erinnerung haben. Nun haben sie Angst davor, wieder zu versagen. Auf Nachfragen erfährt man dann öfters, dass sie als Junge von einem Mädchen gedrängt wurden, mit ihr zu schlafen. Sie selbst waren aber noch gar nicht so weit, was sie aber nicht zugeben wollten.

Warum werden sexuelle Erfahrungen oft so tief in unsere Erinnerung eingegraben?

Wissenschaftler haben herausgefunden, dass jede Erfahrung, die mit einem Gefühl verbunden ist, behalten wird. An welche Ereignisse aus der Kindheit können Sie sich erinnern? Oft sind es Erlebnisse, die mit starken Gefühlen wie Wut, Hass, Scham oder Liebe verbunden sind. Andere Erfahrungen werden leichter vergessen. Dies erklärt, warum wir die sexuellen Erlebnisse, egal ob sie positiv oder negativ waren, so lange behalten.

Claudia erzählte mir folgende Geschichte:
Ich hatte mir fest vorgenommen, bis zur Ehe zu warten. Der Druck in der Klasse nahm aber immer mehr zu, bis wir schließlich in der 13. Klasse nur noch zwei »unberührte« Mädchen waren. Eines Tages hielt ich es nicht mehr aus. Ich wollte auch mitreden können und schlief mit meinem Freund. Kurz darauf ging die Freundschaft in die Brüche. Als ich ein Jahr später einen jungen Mann kennen lernte, der mir sehr gefiel, erkannte ich, dass die sexuellen Erfahrungen mich mehr geprägt hatten, als ich wahrhaben wollte.

Wissen die Jugendlichen von dem prägenden Einfluss des ersten Mals?

Man macht sich sehr verletzlich.
Manche vergleichen die körperliche Liebe mit einer Rosenknospe, deren Schönheit sich nur unter optimalen Bedingungen entfaltet. Eine Rose

braucht Sonne, frisches Wasser und Nährstoffe. So ist es auch mit der sexuellen Hingabe, die sich in einem geschützten Raum am besten entwickelt, in dem es Liebe, Annahme, Sicherheit und Entscheidungsfreiheit gibt. Oft braucht es einen jahrelangen Prozess, sich selbst und den anderen kennen zu lernen und die Freiheit zu bekommen, sich über das Erlebte miteinander auszutauschen. Liebe lässt dem anderen Zeit, fordert nicht, sondern lädt ein und bittet. Liebe akzeptiert ein »Nein« und hält es aus, wenn der andere Zeit für sich braucht. Sexuelle Liebe schließt die Fähigkeit ein, nicht nur sich und die Erfüllung der eigenen Wünsche zu sehen, sondern auch die des anderen.

Ein anderes treffendes Bild beschreibt die sexuelle Liebe wie eine Perle innerhalb einer Muschel. Erst lernt man das Äußere eines Menschen kennen, aber das Innerste vertraue ich nur einem Menschen an, der auch bereit ist, sich in einem Willensakt für die Treue zu entscheiden. In der Sexualität öffne ich dem anderen mein Innerstes. Ich mache mich dadurch sehr verletzlich.

Ermutigen Sie Ihre Kinder, über folgende Fragen nachzudenken:

Hat der andere schon die Reife, liebevoll mit meinen Gefühlen umzugehen? Kann er Geheimnisse für sich behalten? Wie würde er mit dem Erlebten umgehen, wenn wir verschiedener Meinung sind? Wie sind die Motive, um mit mir zu schlafen? Meint er wirklich mich? Oder bin ich austauschbar? Was würde geschehen, wenn ich ihm sagen würde, dass ich ihn zwar sehr liebe, aber nicht mit ihm schlafen möchte?

Es besteht die Gefahr benutzt zu werden und den anderen zu benutzen.
Es gibt viele Jugendliche, die Sex gerne mal ausprobieren wollen. So kann es passieren, dass Tobias zwar mit Julia schläft, sie aber nicht wirklich meint. Es wäre ihm ziemlich egal gewesen, mit wem er geschlafen hätte – ob mit Julia, Anne oder Marie. Er wollte Erfahrungen sammeln, mitreden können und es einfach mal ausprobieren.

Fragen Sie Ihre Kinder einmal: »Möchtest du einfach mal ausprobiert werden? Was ist das für ein Gefühl, wenn man nicht als Mensch gemeint ist, sondern wenn der andere nur Sex haben wollte?« Manchmal rüttelt das den einen oder anderen wach. Sensibilisieren Sie die jungen Leute dafür, die anderen so zu behandeln, wie sie selbst gerne behandelt werden möchten.

Manchmal hört man auch den Satz: »Wenn du mich wirklich liebst, dann schläfst du mit mir.«

Meine Eltern baten mich an meinem 15. Geburtstag zu einem Gespräch. Ein Satz meines Vaters blieb mir bis heute im Gedächtnis. Er sagte: »Jeder Mann, der dich wirklich liebt, kann warten. Und ich weiß, wovon ich rede. Ich war auch mal jung und weiß, wie schwer es ist. Aber es ist möglich. Ein Mann, der dich liebt, achtet deine Grenzen und Wünsche. Lass dich nicht erpressen. Ein Mann, der dich unter Druck setzt, disqualifiziert sich selbst und ist garantiert nicht der Richtige. Wie soll das in der Ehe werden, wenn er dich schon in der Freundschaftsphase bedrängt? Wahre Liebe bittet und hat Geduld.«

Immer wenn Druck aufgebaut wird, besteht die Gefahr des Benutzens oder Benutztwerdens.

Auch für Jungen gilt: »Jedes Mädchen, jede Frau, die dich wirklich liebt, kann warten.« Mädchen sind in den letzten Jahrzehnten aktiver geworden. Sie warten nicht mehr unbedingt, bis der Junge den ersten Schritt macht. Sehr selbstbewusst sprechen sie die jungen Männer an, verabreden sich mit ihnen und verführen sie. Eltern von Jungen machen immer häufiger die Erfahrung, dass ihre Söhne bedrängt werden. Ermutigen Sie Ihre Söhne »Nein« zu sagen.

Es gibt eine Organisation, die »Wahre Liebe wartet«[17] heißt. Sie lädt junge Leute ein, die Entscheidung, bis zur Ehe mit dem Geschlechtsverkehr zu warten, mit einer Unterschrift festzumachen und die unterschriebene Karte entweder aufzubewahren oder an die Organisation zu schicken.

Die 16-jährige Andrea hatte die Karte schon als 15-Jährige ausgefüllt und an ihre Pinnwand gehängt. Jetzt hatte sie seit einem halben Jahr einen festen Freund. Die Mutter fragte sie eines Tages: »Willst du die Karte weiter in deinem Zimmer hängen lassen?« Daraufhin sagte Andrea: »Ja, dann weiß er gleich, wo er dran ist, ohne dass ich groß etwas sagen muss.«

Wir sollten unseren jungen Leuten den Rücken stärken, auf den Richtigen/die Richtige zu warten. Es muss erst ein breites Fundament an freundschaftlicher und selbstloser Liebe gelegt sein, bevor ich mir sicher bin, nicht nur benutzt zu werden.

Ich traf einen Mann, der erst mit 36 Jahren heiratete. Ich fragte ihn, warum es so lange gedauert hätte. Er war Gärtner und erklärte mir Folgendes: »Wenn ich in meinem Garten nur Platz für eine Eiche habe, dann warte ich, bis ich die Eiche gefunden habe und pflanze nicht erst eine Linde, dann einen Pflaumenbaum und dann eine Erle. Ich warte und bei mir war es so, dass ich eine Frau suchte, die bereit war, mit mir 10 Kinder großzuziehen. Das war ziemlich schwer, so eine Frau zu finden. Jetzt habe ich sie gefunden. Es hat sich gelohnt zu warten.«

Es kann passieren, dass man die Ganzheit des Menschen aus dem Auge verliert und sich aufspaltet.

Ärzte, Eltern und Lehrer beobachten in der Generation zwischen 14 und 30 Jahren folgende Tendenz: Geschlechtsverkehr wird in den Stand eines Hobbys versetzt. Ein Hobby kann ich mit jedem, der es möchte, ausüben. Es sollte nur Spaß machen. Ein Junge sagt zu einem Mädchen oder auch umgekehrt: »Ich habe heute Abend Lust auf Sex! Du auch? Können wir uns um 19.00 Uhr treffen?« Sie schlafen miteinander, haben ihren Spaß und gehen wieder auseinander. Die Körper sind sich begegnet. Sie haben ihre Lust ausgelebt. Ein junger Student sagte dazu: »Das geht so lange gut, bis einer von beiden Gefühle entwickelt.«

Hier geschieht eine Aufspaltung. Sexualität als reine Lust, ein Ausleben des Sexualtriebes, ein Ausprobieren von Techniken.

Das ist eine Realität, in der unsere Teenies leben. Aber wie soll ein Mensch, der zehn Jahre nach dem Lustprinzip gelebt hat, später ein treuer Ehemann / eine treue Ehefrau werden?

Der Geschlechtsverkehr kann die Kommunikation und damit das Sich-kennen-lernen blockieren.

Wenn die sexuelle Liebe zu früh zu einer Beziehung dazugehört, verwendet man viel Zeit dafür, die man sonst für Gespräche, gemeinsame Unternehmungen und zum gegenseitigen Kennenlernen genutzt hätte. Gerade aber für eine stabile Ehe ist ein gutes Fundament im Sinne einer freundschaftlichen Liebe sehr wichtig. Immer wieder haben mir Ehepaare gesagt: »Wenn wir einen Abend zusammen frei haben, wissen wir nicht, was wir damit machen sollen. Wir haben kein gemeinsames Hobby.«

Ermutigen Sie Ihre Kinder, aktiv zu werden. Zeigen Sie Ihnen die Welt der Gesellschaftsspiele, der Musik, der Geschichte, des Sports. Zu oft beobachte ich, dass Jugendliche sich zu Computerspielen und Videonächten verabreden. Ansonsten fällt ihnen nicht mehr sehr viel ein, was man noch unternehmen könnte.

Durch den Geschlechtsverkehr entsteht eine starke Bindung zwischen zwei Menschen.
Sie können ein sehr eindrucksvolles Experiment machen: Kleben Sie zwei Schreibblätter mit Uhu aneinander. Warten Sie ein wenig, bis der Klebstoff hart geworden ist. Dann versuchen Sie, die Blätter wieder in ihren ursprünglichen Zustand zurückzuführen. Es wird nicht ohne Löcher gehen. Genauso ist es bei der Trennung einer Beziehung, in der Geschlechtsverkehr praktiziert wurde. Man gibt immer ein kleines Stück von sich an den anderen ab. Die Löcher könnte man mit Verletzungen vergleichen.

Die meisten Freundschaften im Teenageralter werden irgendwann wieder gelöst. Manchmal war man während der Schulzeit für eine gewisse Zeit ein Paar, aber dann plötzlich trennen sich die Wege, oft auch am Beginn der Studienzeit. Wenn Geschlechtsverkehr praktiziert wurde, ist es oft schwerer die Freundschaft zu beenden.

In dem Buch »Der Vorleser«[18]*, das oft in der Schule gelesen wird, wird die Liebesgeschichte zwischen dem 15-jährigen Michael Berg und der 36-jährigen Hanna erzählt. Die sexuelle Liebe von Michael wird dadurch aufgeweckt, dass er zusieht, wie Hanna sich vor seinen Augen Seidenstrümpfe anzieht. In seinen Gedanken kommt er von diesem Anblick nicht mehr los. Er weiß, dass es nicht richtig ist, sie zu besuchen und er rechnet eigentlich auch damit, dass Hanna ihm die Tür weist, aber sie tut das Unfassbare und geht auf sein unterbewusstes Werben ein und schläft mit ihm. Es entwickelt sich eine sexuelle Abhängigkeit, die ihn ein Leben lang nicht mehr verlassen wird. Er ist geprägt von ihrem Geruch und ihrem Liebesspiel. Hanna verschwindet plötzlich aus seinem Leben. Er hat danach noch viele andere Frauen, aber keine fühlt sich so an wie Hanna, keine riecht so wie sie. Er heiratet, aber seine Ehe scheitert nach fünf Jahren.*
Diese Geschichte macht sehr anschaulich deutlich, wie tief eine sexuelle Beziehung gehen kann.

Die sexuelle Abhängigkeit kann so stark sein, dass man sich nicht mehr von einem Menschen trennt, obwohl man weiß, dass es nicht der Partner fürs Leben ist.

Immer wieder erlebt man Paare, die nicht zusammen leben können, aber auch nicht getrennt. Sie sind in eine sexuelle Abhängigkeit geraten und kommen nicht voneinander los. Diese sexuelle Bindung ist oft auch der Grund, dass ein junges Mädchen bei einem wesentlich älteren Mann bleibt oder ein verheirateter Mann immer wieder zu seiner Geliebten zurückkehrt, obwohl er eigentlich seine Frau liebt. Manchmal entwickelt sich daraus auch eine Hass-Liebe. Man hasst die Abhängigkeit zu diesem Menschen, die eigene Gebundenheit und Unfähigkeit. Der Kopf lehnt die sexuelle Bindung ab, aber der Körper verlangt immer wieder danach.

Die Tochter kann schwanger und der Sohn Vater werden

»Komm mir nur nicht mit einem Kind nach Hause.« Haben Sie auch noch diesen Satz Ihrer Eltern im Ohr? Früher war diese Aufforderung oft die einzige »Aufklärung«. Heutzutage scheint eine mögliche Schwangerschaft kein wirkliches Argument gegen Geschlechtsverkehr zu sein. »Muss denn heute noch jemand schwanger werden?«, denkt so mancher und wundert sich, wenn es doch passiert.

Fragen Sie doch Ihre Teenager mal: »Warum werden in eurer Generation Mädchen schwanger, obwohl ihr die bestaufgeklärteste Generation aller Zeiten seid?«

Vielleicht kommen dann Antworten wie: »Beim ersten Mal kann man nicht schwanger werden.« Oder: »Wenn die Periode noch nicht regelmäßig alle vier Wochen kommt, besteht keine Gefahr, schwanger zu werden.« »Warum sollte mir das passieren?«, denkt so mancher oder er handelt nach dem Motto: »Einmal ist kein Mal.«

Laut Teenies kann man Geschlechtsverkehr nicht planen. Wer weiß schon im Voraus, wann sich sexuelle Gefühle entwickeln? Und so kann es passieren, dass man dann gerade kein Kondom dabei hat. Wenn man zusätzlich etwas zu viel getrunken hat, wird man übermütig und schläft dann ohne Kondom miteinander.

Aber selbst trotz Einnahme der Antibabypille kann es zu Schwangerschaften kommen. Vielen ist zu wenig bekannt, dass die Einnahme regelmäßig geschehen muss. Man kann die Pille nicht an einem Tag vergessen und dafür am nächsten Tag zwei nehmen. Hinzu kommt, dass die Aufnahme der Wirkstoffe durch Durchfall oder andere Erkrankungen fehlerhaft sein kann und man dann nur einen ungenügenden Schutz vor einer Schwangerschaft hat.

Die Zahl der Schwangerschaften unter Teenagern nimmt dramatisch zu. Frau Gisela Gille[19], Vorsitzende der Ärztlichen Gesellschaft zur Gesundheitsförderung der Frau, nennt eine immer früher einsetzende Geschlechtsreife und mangelhaftes Wissen als Gründe dafür. Pro Jahr bringen mehr als 7000 minderjährige Mädchen in Deutschland ein Baby zur Welt, wobei ca. 200 Mädchen[20] gerade erst 13 Jahre alt oder noch jünger sind. Oft versuchen die Mädchen eine Schwangerschaft zu verstecken. Sie tragen auf einmal weitere Pullis, weil es ihnen angeblich so besser gefällt. Manche messen aber auch dem Ausbleiben der Periode keine Bedeutung bei, da sie gehört haben, dass sie am Anfang noch nicht regelmäßig kommt und sie kein Buch über »die Tage« führen. Wieder andere verdrängen die Schwangerschaft nach dem Motto: »was nicht sein darf, das nicht sein kann«. Wenn dann die Wehen einsetzen, werden sie als »akuter Bauch« in die Chirurgie eingeliefert. Es kommt immer wieder vor, dass Ärzte dann bei der Untersuchung erstaunt feststellen, dass so ein Mädchen kurz vor der Entbindung steht.

Eine ungewollte Schwangerschaft ist nicht nur für die werdende Mutter eine enorme Belastung, sondern auch für das Kind und die Familie. Viele Fragen müssen jetzt eine Antwort finden. Wie stehen der Kindesvater und die Eltern der jungen Mutter zu dem neuen Erdenbürger? Oft erleben junge Mädchen, dass der Freund sie verlässt oder zur Abtreibung drängt.

Reden Sie mit Ihren Töchtern und Söhnen über das Thema: »Was ist, wenn Kinder Kinder bekommen?« Bei jedem Geschlechtsverkehr kann potenziell ein Kind entstehen. Verantwortungsbewusste Menschen tragen die Konsequenzen für ihr Verhalten, auch wenn es anders kommt, als sie es sich gedacht haben. Daraus folgt, dass man erst mit einem Menschen schlafen sollte, wenn man auch bereit ist, mit ihm zusammen ein Kind großzuziehen. Weiß Ihr Sohn um seine Mitverantwortung?

Machen Sie Unterschiede in der Erziehung Ihrer Söhne und Töchter? Wenn ein Kind unterwegs ist, waren immer zwei daran beteiligt.

Ungewollte Kinder werden oft abgetrieben.

Von den ca. 20 000 Minderjährigen[21], die pro Jahr in Deutschland schwanger werden, ist die Schwangerschaft in den wenigsten Fällen gewollt. Meistens werden die Kinder abgetrieben. Bei den unter 15-Jährigen liegt die Abtreibungsquote bei über 90%. Viele Mädchen, die minderjährig Mutter werden oder eine Abtreibung vornehmen lassen, werden noch im Teenageralter erneut schwanger.

In Deutschland ist Abtreibung bis zum 3. Monat zwar rechtswidrig, aber straffrei. Deshalb wird auch von Tötung und nicht von Mord im Mutterleib gesprochen, da ein Mord eine Tötung ist, die strafrechtlich verfolgt werden muss. Immer wieder hört man, dass ein Fötus erst ab dem 3. Lebensmonat ein Mensch ist. Doch wenn man sich das Erbrecht ansieht, wird deutlich, dass sich die Verantwortlichen darauf geeinigt haben, dass der Mensch bei der Verschmelzung von Samen- und Eizelle entsteht und lebt. Im Erbrecht[22] liest man: »Erbe kann nur werden, wer zur Zeit des Erbfalls lebt. Es genügt jedoch, dass der Erbe zum Zeitpunkt des Erbfalles gezeugt ist und später lebend geboren wird.«

Mein Vater, ein erfahrener Landarzt, bat mich an meinem 15. Geburtstag inständig: »Töte nie ein Kind im Mutterleib. Du überschaust die Folgen nicht, die der Eingriff einer Abtreibung haben kann. Gewissensbisse und Schuldgefühle können dich nach einem Eingriff plagen. Manchmal treten sie sofort auf, manchmal aber auch erst mit 40 oder 50 Jahren. Nach meiner Erfahrung vergessen Frauen eine Abtreibung nicht und wissen oft genau, wie alt die Kinder zum jetzigen Zeitpunkt wären. Psychische Störungen wie Depressionen und Alpträume können sich als Spätfolgen oft auch erst 20-30 Jahre später entwickeln. Viele werden mit ihrer Schuld nicht fertig. Du könntest eine Entzündung nach der Abtreibung bekommen, die sich dann in die Eileiter ausbreitet. Dadurch verkleben die Eileiter und somit würdest du unfruchtbar werden. Ich habe auch schon in seltenen Fällen gehört, dass während der Ausschabung eine unstillbare Blutung einsetzte und man dann dem Mädchen die Gebärmutter entfernen musste.«

»Muss man Jugendliche wirklich über alle Eventualitäten aufklären?«, mögen Sie vielleicht jetzt denken. Für mich war das damals sehr eindrucksvoll und ich habe eher die Liebe und Fürsorge meines Vaters um mich verspürt, als dass er mich abschrecken wollte. Außerdem hat er dann mit den Worten abgeschlossen: »Du weißt, dass ich mir für dich wünsche, dass du erst nach der Hochzeit schwanger wirst. Aber sollte es doch passieren, dann werden wir das Kind schon irgendwie gemeinsam großziehen. Wir werden dir auf jeden Fall helfen. Bitte komm dann zu uns.«

Sehr anschaulich ist für Jugendliche auch eine naturgetreue Embryonachbildung aus Plastik in der 12. Schwangerschaftswoche, die man bei mehreren Adressen[23] [24] in Deutschland bestellen kann und die oft nur wenige Euros kostet. Wenn man so ein Abbild mal in der Hand gehalten hat, begreift man eher, dass bei der Abtreibung ein kleiner Mensch sterben muss. Ähnlich beeindruckend sind Bilder oder auch Anstecknadeln[25] von kleinen Füßen aus der 12. Schwangerschaftswoche, die es in Silber und Gold für wenige Euros zu erwerben gibt.

Es besteht die Gefahr, sexuell übertragbare Infektionen zu bekommen

Welche Geschlechtskrankheiten kennt Ihr Kind? Wird im Biologieunterricht darüber gesprochen? Könnte ein Bericht in der Zeitung Anlass dazu geben, mal über das Thema zu sprechen?

Man unterscheidet Geschlechtskrankheiten im engeren Sinne, die fast ausschließlich durch den Geschlechtsverkehr übertragen werden, und Geschlechtskrankheiten im weiteren Sinne, bei denen man sich auch auf einem anderen Weg anstecken kann.

Geschlechtskrankheiten im engeren Sinne:

- Gonorrhoe (Tripper)
- Syphilis (harter Schanker)

Geschlechtskrankheiten im weiteren Sinne:

- Infektionen durch Chlamydien
- HIV-Infektionen (HIV – Human Immunodeficiency Virus, menschliches Abwehrmangel-Virus), AIDS (aquired immune deficieny syndrome, erworbenes Abwehrmangelsyndrom, ein Syndrom fasst verschiedene Krankheiten zusammen)
- Infektionen durch Herpesviren
- Pilzerkrankungen
- Infektionen durch Trichomonaden
- Hepatitis B und C

Auf die Chlamydien- und die HIV-Infektion werde ich im nachfolgenden Abschnitt unter spezieller Berücksichtigung der Teenagersituation näher eingehen. Frau Dr. Bürger[26] hat eine kurze Zusammenfassung der Geschlechtskrankheiten zusammengestellt, die Ihnen übersichtlich wichtige Daten liefert.

1. Chlamydieninfektionen

Mediziner[27] schätzen, dass ca. 1,1 Millionen Männer und Frauen in Deutschland das Bakterium Chlamydia trachomatis in ihrem Körper tragen. Hauptbetroffene seien sexuell aktive Teenager und Frauen bis 24 Jahre. Man spricht davon, dass 1/3 der jüngeren Bevölkerung Träger von Chlamydien sei.

Warum sind weibliche Teenager Hauptbetroffene?

Die Infektanfälligkeit unter weiblichen Teenagern wird durch folgende Punkte begünstigt:

- Erster Geschlechtsverkehr noch vor Abschluss der Pubertät bei mangelhafter eigener Immunabwehr durch den noch unreifen Zyklus.
- Wechselnde Geschlechtspartner.
- Zusätzliche Schwächung der Immunabwehr durch Abmagerungskuren, Rauchen und die Einnahme der Antibabypille.

Vor Jahren war ich mit einem meiner Au-pair-Mädchen beim Frauenarzt, da sie etwas Ausfluss hatte und sehr beunruhigt war. Als die Ärztin sie fragte, ob sie schon einmal mit einem Mann geschlafen hätte, sagte sie entrüstet: »Nein, in Georgien darf man vor der Heirat nicht mit einem Mann schlafen. Mein Vater würde mich sofort enterben.« Daraufhin antwortete die Ärztin: »Wo kein Mann, da keine Entzündung.« Ich war überrascht über die Einfachheit und Klarheit der Worte.

Wenn ich keinen sexuellen Kontakt habe, kann ich zu einem sehr hohen Prozentsatz keine Geschlechtskrankheiten bekommen. Umgekehrt steigt die Wahrscheinlichkeit irgendwann einmal zu erkranken, je früher ich damit anfange, je öfter ich den Partner wechsle und je weniger ich mich schütze.

Zwei Hormone beeinflussen den Zyklus einer Frau: das Follikelhormon Östrogen und das Gelbkörperhormon Progesteron. Es kann einige Jahre dauern, bis die Blutungsabstände regelmäßig erfolgen, der Eisprung in jedem Zyklus stattfindet und sich ein stabiler Zyklus entwickelt hat. In den ersten Jahren nach der 1. Periode, auch Menarche genannt, haben viele Mädchen noch Zyklen ohne Eisprung. Der Einfluss der Östrogene bewirkt, dass der Schleim in der Scheide eher wässrig und leichter durchlässig für Krankheitserreger ist. Erreger, die in die Scheide gelangen, überleben leichter und können in die Eileiter aufsteigen. Die natürliche Abwehr der Scheidenschleimhaut muss sich bei jungen Mädchen erst noch entwickeln, um die Erreger daran zu hindern, dass es zur Infektion kommt.

Die lockere Einstellung besonders zur Sexualität begünstigt, dass Jugendliche nacheinander mehrere Sexualpartner haben und sich somit die Krankheit immer weiter ausbreitet.

Da die Chlamydien bei rund 90% der Infizierten keine oder nur geringfügige Beschwerden verursachen, gehen die Betroffenen nicht zum Arzt, um sich behandeln zu lassen. Sie bleiben krank und können dadurch ihre weiteren Geschlechtspartner anstecken, oft ohne es zu wissen. Deshalb ist immer wichtig, alle Sexualpartner zu untersuchen, auch wenn nur einer glaubt krank zu sein.

Mädchen in der Pubertät haben oft ein niedriges Selbstwertgefühl. Die meisten fühlen sich zu dick. So ernähren sie sich mangelhaft und hungern oft bis zum Untergewicht ab. Zusätzlich kann die Abwehrlage geschwächt werden, wenn die jungen Mädchen rauchen[28] und die Antibabypille nehmen.

Ermutigen Sie Ihre Töchter dazu, Ja zu ihrem Körper zu sagen und dem Körper Zeit zu lassen, erwachsen zu werden.

2. HIV-Infektion – AIDS

Was ist eigentlich der Unterschied zwischen HIV-Infektion und AIDS?

Bei einer HIV-Infektion trägt man den Erreger, einen Virus, der die Abwehrlage des Körpers schwächt, in sich, ohne dass man schon Krankheitsanzeichen hat. In diesem Stadium kann man aber andere Menschen schon anstecken.

AIDS nennt man die Krankheit, wenn sie bereits fortgeschritten ist.

Was wissen Ihre Kinder über AIDS?

Denken sie vielleicht auch, dass es AIDS eigentlich nur in Afrika gibt? Viele Jugendliche unterschätzen die Krankheit und wissen oft zu wenig darüber. Die Bundeszentrale für gesundheitliche Aufklärung[29] führt regelmäßig Befragungen durch und stellte fest, dass fast ein Viertel der 16- bis 20-Jährigen in dem Irrglauben war, dass man sich bei einem Partner nicht anstecken kann, wenn die Krankheit noch nicht ausgebrochen ist. Nur 37% der 14- bis 18-Jährigen stuften AIDS als eine gefährliche Krankheit ein.

In der Ärzte-Zeitung[30] wurde eine Tabelle veröffentlicht, die belegt, dass HIV-Infektionen auch in Deutschland weiterhin ein Problem sind, da man mit über 1500 Neuinfizierten jedes Jahr rechnen müsste. Bisher seien ca. 60 000 Menschen infiziert.

Wie infiziert man sich?

Die Übertragung des Virus geschieht zu einem erheblichen Prozentsatz durch Sexualverkehr. Die höchste HIV-Konzentration ist in der Samenflüssigkeit vorhanden. Besondere Risikogruppe sind Frauen bei der Defloration – so nennt man den ersten Geschlechtsverkehr, wenn das Hymen (Jungfernhäutchen) eingerissen wird –, da das Virus immer eine Eintrittsstelle, also eine kleine Verletzung braucht.

Die Dunkelzahlen sind hoch. AIDS ist keine übliche Krankheit, über die man mit Verwandten, Freunden und Arbeitskollegen spricht. AIDS gehört zu den Tabuthemen. Wer AIDS hat, verschweigt es oder erzählt, er hätte eine seltene Krankheit oder Krebs. Viele AIDS-Kranke erleben, dass sich selbst Freunde und Verwandte aus Angst zurückziehen. So fühlen sich die AIDS-Kranken häufig isoliert, manche werden sogar beschimpft.

In dem Artikel »HIV: Mitten im Leben steht plötzlich alles still« beschreibt Marion Troja[31] einen Mann, der nicht zu der typischen Risikogruppe der Homosexuellen, der Drogenabhängigen oder der Menschen gehört, die ein ausschweifendes Liebesleben haben. Er sagt von sich: »Ich war meinen Freundinnen immer treu.« Infiziert habe er sich bei einer flüchtigen Affäre zwischen zwei Beziehungen. Mittlerweile ist der 32-Jährige Frührentner, muss täglich elf dicke Pillen nehmen mit jeder Menge Nebenwirkungen. Er steht zweimal in der Woche Schülern bei der AIDS-Hilfe zur Verfügung. Er will verhindern, dass sich andere junge Menschen mit AIDS infizieren.

Viele Menschen machen bei AIDS die Vogel-Strauß-Politik. Sie lassen sich nicht untersuchen, selbst wenn sie den Verdacht haben. Andere haben nicht die leiseste Ahnung und wissen selbst bei Ausbruch der Krankheit nicht, was los ist.

Ulf[32] berichtet: »Bis ich wusste, was los war, hat es lange gedauert. Zunächst war es der Stress auf der Arbeit, den ich für meine Schlappheit verantwortlich machte. Dann das Magengeschwür. Über Jahre verschlechterte sich mein Zustand, bis der Hausarzt einen HIV-Test machte.«

Doch es gibt auch HIV-Infizierte, die wissen, dass sie krank sind und trotzdem ungeschützten Geschlechtsverkehr haben, auch wenn das unverantwortlich ist. In Großbritannien[33] ist erstmals ein Mann verurteilt worden, weil er zwei Frauen durch ungeschützten Sex angesteckt hatte, ohne sie vorher zu warnen.

Wie geht es Ihnen, wenn Sie so etwas lesen? Möchten Sie solche Berichte auch lieber aus dem Gedächtnis streichen und daran glauben, dass junge Menschen nur miteinander schlafen, wenn sie sich schon länger kennen, sich lieben und sich deshalb auch kein Leid zufügen? Manchmal betrachten wir die Sexualität fast etwas verklärt, als eine wunderbare, nie verletzende, stets Freude machende Liebe, die man den jungen Leuten doch nicht vorenthalten sollte.

Die Erfahrung zeigt aber leider, dass die Sexualität auch eine andere Seite hat. Sie ist ein sehr starker Trieb im Menschen, der ab einer gewissen Erregung fast alle vernünftigen Gedanken ausschaltet. Man gibt sich nur noch diesen hinreißenden Gefühlen hin. Erst nach dem Geschlechtsakt erkennt man oft, was man gemacht hat.

Kann ein Kondom einen 100%igen Schutz geben?

Spätestens an dieser Stelle sollten wir über die Vorbeugung von Geschlechtskrankheiten durch die Anwendung von Kondomen reden. Kondome sind ein sehr guter, aber kein 100%iger Schutz:

FEHLER BEIM ÜBERSTREIFEN: Es kann dem jungen Mann sowieso schon peinlich sein, ein Kondom zu benutzen und wenn dann noch hinzukommt, dass er beim Überstreifen nicht geübt ist, täuscht er vielleicht vor, dass das Kondom gut sitzt.

KONDOME KÖNNEN FEHLER ENTHALTEN: Immer wieder mal liest man Meldungen[34, 35], dass Kondomhersteller ihre Fabrikate vom Markt nehmen, da sie undicht sind oder kleine Fehler enthalten. Es kann auch passieren, dass bei der Kondomherstellung kleine Poren entstehen, durch die die Erreger oder sogar Spermien hindurchgelangen können.

Klären Sie Ihre Kinder auf!
Anhand der Geschlechtskrankheiten wird deutlich, dass wir unsere jungen Leute davor schützen müssen, mit einem Menschen zu schlafen, den sie nicht gut kennen.

Sätze wie »einmal ist kein Mal« oder »beim ersten Mal passiert nichts« oder »mir wird schon nichts passieren« sollten angesprochen und als gefährlich entlarvt werden.

Durch aufsteigende Infektionen kann man unfruchtbar werden.
»Warum muss ich für die Freiheit aller anderen bezahlen? Warum hat mir niemand etwas gesagt?«, fragt eine 20-jährige Frau, die durch eine Chlamydieninfektion unfruchtbar geworden ist, in dem Artikel: »Teenagerliebe: Früher Sex macht unfruchtbar.«[36]

Mechthild Schulze-Hagen[37] *schreibt in dem Artikel: »Unfruchtbar durch Bakterien« über das Schicksal einer Zwölftklässlerin, die wegen massivster Bauchschmerzen eine Bauchspiegelung erhielt. Man stellte fest, dass sie unter einer fortgeschrittenen Chlamydieninfektion litt. Die Eileiter waren verdickt, eitrige Flüssigkeit war in die Bauchhöhle ausgetreten und es hatten sich schon Verwachsungen zwischen den Eileitern und dem Darm gebildet. Die Krankheit konnte erfolgreich mit Antibiotika behandelt werden, aber die Schäden werden wahrscheinlich bleiben. Der Freund der Zwölftklässlerin wurde mitbehandelt.*

Man nennt die Chlamydieninfektion auch eine heimtückische Krankheit, da sie fast immer wenig Beschwerden macht. Die Folge ist, dass man nicht zum Arzt geht, um sich behandeln zu lassen. Dadurch kann man jahrelang krank sein, ohne es zu wissen. Es kann zu aufsteigenden Infektionen kommen, das heißt die Erreger wandern durch die Scheide in die Gebärmutter und die Eileiter bzw. durch die Harnröhre in die Samenleiter. Wenn in den Ei- oder Samenleitern Entzündungen stattfinden, können diese verkleben und man kann unfruchtbar werden.

Man nimmt oft über Jahre Verhütungsmittel, die Nebenwirkungen haben können.
Kennt Ihr Kind den Wirkungsmechanismus der Antibabypille und die zur Zeit diskutierten Nebenwirkungen? Was weiß Ihr Teenager über die Sicher-

heit anderer Verhütungsmittel?

In einem Satz erklärt greift die Antibabypille[38] in den Hormonstoffwechsel der Frau ein, indem die beiden synthetisch hergestellten Wirkstoffe der Pille, nämlich das Östrogen und das Progesteron, die Ausschüttung der Hormone im Gehirn bremsen, die für den Eisprung verantwortlich sind.

Der so genannte Pearl-Index - Pearl[39] war ein amerikanischer Zoologe, der biologische Probleme standardisierte - gibt Auskunft über die Sicherheit eines Verhütungsmittels. Der Index gibt an, wie viele Frauen, die genau ein Jahr lang mit diesem Mittel verhütet haben, schwanger werden. Wenn der Pearl-Index 1 ist, bedeutet das, dass eine Frau von 100 schwanger geworden ist, obwohl sie verhütet hat.

Die Sterilisation hat einen Pearl-Index von 0,1-0,4, die Antibabypille 0,1-1, die natürliche Empfängnismethode mit Temperaturmessung und Schleimbeobachtung 1-2 und das Kondom 3.

Die »Pille« wird verdächtigt, bei vielen »Zivilisationskrankheiten« eine auslösende Rolle zu spielen. Besonders bei Depressionen, Thrombosen, Herzinfarkten, Brustkrebs und Pilzerkrankungen der Scheide beobachtet man einen Zusammenhang mit der Einnahme dieses Verhütungsmittels. Zum jetzigen Zeitpunkt gibt es aber keine Studie, die einen eindeutigen Zusammenhang beweist.

Ermutigen Sie Ihre Tochter, vor Einnahme der Antibabypille den Beipackzettel genau durchzulesen, damit sie hinterher nicht sagt: »Warum hat mich niemand inform iert?«

Man kann bindungslos werden

Wenn immer wieder neue Partnerschaften mit sexuellem Verkehr eingegangen werden, kann eine gewisse Bindungslosigkeit entstehen. Immer auf der Suche nach dem Kick, dem Verliebtsein und den sexuellen Höhepunkten, ist man nicht mehr fähig, Krisen miteinander durchzustehen. Man spricht auch davon, dass die Frustrationsschwelle immer niedriger wird. Sobald etwas nicht so läuft, wie man möchte, trennt man sich. Brüche werden immer leichter vollzogen.

Man kann sexsüchtig werden
Sucht gibt es nicht nur bei Alkohol, Tabak, Spielen, sondern auch im Sexuellen.

Ich kannte ein Mädchen sehr gut, die mir sagte: »Ich bin sexsüchtig und wenn es wieder über mich kommt, dann gehe ich durch Krefeld und ich finde immer einen, der mit mir schläft.«

Enthaltsamkeit gehört zu einer erfüllten Sexualität dazu
Ist die Sexualität ein Trieb, der befriedigt werden muss, so wie Hunger, Durst und Schlaf? Was passiert, wenn ich diesen Trieb über Jahre unterdrücke? Kann man das überhaupt, ohne seltsam zu werden?

Rainer Langhans[40], der Mitbegründer der so genannten »Kommune 1«, einer Wohngemeinschaft der 68-er Generation, sagte: »Rückblickend auf die letzten 30 Jahre gehört für mich zur Sexualität ganz wesentlich die Enthaltsamkeit dazu. Ohne Enthaltsamkeit kann man die Sexualität nicht verstehen. Die Erfüllung über quantitative Sexualität zerstört Beziehungen sogar. Und wenn Leute hinterher meinten, wenn sie sich hassen, das hätte nichts mit Sex zu tun, dann irren sie sich.«

Jeder Mensch muss in seinem Leben die Entscheidung treffen, ob er über die Sexualität Herr sein will, oder ob die Sexualität ihn bestimmt. Verzichten, Fasten, Enthaltsamkeit einüben, passt nicht so richtig in unsere moderne Welt, ist aber für die Persönlichkeitsentwicklung und die Charakterschulung sehr wichtig.

Enthaltsamkeit hat eine Schutzwirkung
Sehr beeindruckend war für mich auch der Satz eines verheirateten Mannes, der sagte: »*Mein größter Schutz vor Ehebruch ist, dass meine Frau die Einzige ist, mit der ich je geschlafen habe. Sie können sich gar nicht vorstellen, wie groß die Hürde für mich wäre, unsere Ehe zu verletzen.«*

Ich habe schon viele Bücher und Artikel zum Thema Jugendliche und Sexualität gelesen, doch dabei vermisse ich, dass den Jugendlichen Mut zur Enthaltsamkeit gemacht wird. Auch im Sexualkundeunterricht ist Enthaltsamkeit kein Thema. Es wird nur auf Kondome und Verhütungsmittel hingewiesen.

Wer erklärt noch den Wert von Treue und Enthaltsamkeit?

Herr Müller geht zum Elternabend seines 13-jährigen Sohnes. Die Lehrerin erklärt ihre Pläne für den Sexualkundeunterricht und teilt Informationsmaterial aus. Als Fragen zugelassen werden, meldet er sich und merkt an, warum auf das Thema Enthaltsamkeit nicht deutlicher hingewiesen würde. Viele Eltern lachen und ein Vater kontert: »Glauben Sie wirklich, dass Enthaltsamkeit für irgendetwas gut ist?« Die Lehrerin meint, dass sie nur für die Fakten und die Familie für die moralische Seite zuständig sei. Herr Müller ist beschämt. Als die Eltern aufgefordert werden, sich Namensschilder anzustecken und in der Pause Gebäck und Getränke zu nehmen, sitzt Herr Müller allein an seinem Platz. »Nutzen Sie doch die Gelegenheit, die anderen Eltern besser kennen zu lernen«, fordert ihn die Lehrerin auf, doch er hat nicht das Gefühl, willkommen zu sein. Dann lädt die Lehrerin alle ein, wieder auf ihre Plätze zu gehen. Sie bedankt sich, dass alle ihre Namensschilder angesteckt hätten und bittet jeden auf der Rückseite des Namensschildes nachzusehen, wer eine Blume aufgemalt hätte. Nun folgt die Erklärung: »Die Blume stellt eine Geschlechtskrankheit dar, die durch Händegeben übertragen wird.« Der Träger der Blume wird gefragt, wem er die Hände geschüttelt hätte, um herauszufinden, wer auch geschlechtskrank sei. Die Eltern lachen und machen Witze. »Diese Lektion mache ich auch mit den Schülern«, merkt die Lehrerin an. »Es zeigt, wie schnell sich eine Krankheit ausbreiten kann und da wir uns alle die Hand gegeben haben, haben wir alle die Krankheit.« Jetzt meldet sich Herr Müller; entschuldigt sich für den Ärger, den er vorher verursacht hat, gratuliert der Lehrerin für ihren ausgezeichneten Unterricht, der die Schüler bestimmt sehr beeindrucken wird und bittet eine kleine Ergänzung vorzunehmen. »Nicht alle von uns wurden angesteckt«, sagt er. »Einer von uns – hat sich enthalten.«

Oft wird Jugendlichen nur vermittelt, wie man sich technisch gegen Schwangerschaft und Geschlechtskrankheiten schützen kann, wobei der Eindruck erweckt wird, dass der Schutz allumfassend ist. Aber nur die Enthaltsamkeit gibt einen 100%-igen Schutz vor Schwangerschaft und einen größtmöglichen vor Geschlechtskrankheiten. Aber wie schützt man die eigenen Gefühle und die spätere Sexualität in der Ehe? Wer gibt offen zu, dass die Sexualität in der Ehe dadurch beeinträchtigt werden kann, dass man an andere Partner denkt, mit denen es sehr schön war? Und wer spricht über die Verletzungen, die man durch das Ausleben der sexuellen Liebe erfahren hat?

Lehren Sie Ihre Kinder Enthaltsamkeit? Ist für Sie Verzicht negativ besetzt oder glauben Sie, dass der junge Mensch in seinem Charakter durch Verzichten reif wird? Könnte es ein Ansporn sein, aus Liebe zu mir und meinem künftigen Partner Enthaltsamkeit einzuüben? Auch in einer Ehe gibt es immer wieder Phasen, in denen Enthaltsamkeit ausgehalten werden muss, z. B. während der Schwangerschaft, um die Zeit der Entbindung, während Dienstreisen und Krankheiten. Leider erlebt man auch gerade in solchen Zeiten, dass besonders die Männer fallen, die nicht gelernt haben, ihre Sexualität im Griff zu haben. Viele Ehebrüche geschehen, während die Frau ein Kind erwartet oder entbindet.

Gläubige Menschen ganz unterschiedlicher Religionen glauben, dass Gott den Geschlechtsverkehr für die Ehe geschaffen hat.

Christen, Juden und Moslems lehren ihre Jugendlichen, mit dem Geschlechtsverkehr bis zur Ehe zu warten. Sie glauben, dass Gott die sexuelle Liebe für Ehepaare geschaffen hat. Aus Liebe zu Gott sind sie bereit auf den Geschlechtsverkehr vor der Ehe zu verzichten und erwarten, dass Gott ihnen dabei hilft und sie dafür in der Ehe auch belohnt.

Kapitel 7

Sich Zeit nehmen zum Gespräch

Den Teenager ernst nehmen

Ich glaube, dass es einen Schlüssel zum Herzen unserer Teenager gibt, nämlich sie ernst zu nehmen. Ernst nehmen bedeutet, dass ich ihnen zuhöre und versuche ihre Argumente zu verstehen. Oft kommen Fragen über den Bereich Sexualität scheinbar unpassend und man fühlt sich in der Situation überfordert und unvorbereitet. Ich wünsche Ihnen, dass Sie Ihre Pläne umwerfen können und sich die Zeit nehmen, sich zu Ihrem Sohn / Ihrer Tochter zu setzen und die Gelegenheit zu nutzen, Fragen zu beantworten. Es kostet für beide Seiten Überwindung, über dieses scheinbar heikle Thema persönlich zu reden. Deshalb sind solche Zeiten, in denen sich das Kind öffnet, so kostbar. Es kann passieren, dass das Kind schon seit mehreren Wochen mit Ihnen darüber sprechen möchte. Aber Sie wirkten immer so beschäftigt oder abwesend, oder die kleineren Geschwister schwirrten herum. Dann plötzlich ist der Augenblick da und der Jugendliche nimmt allen Mut zusammen und stellt die Frage: »Papa, wann hast du eigentlich das erste Mal mit einem Mädchen geschlafen?« Es trifft Sie wie eine Bombe. Sind Sie auf diese Frage vorbereitet? Es zeigt Ihnen, dass Ihr Kind viel Vertrauen hat, wenn es so eine Frage stellt. Vielleicht beginnt ein Gespräch auch mit der Frage: »Papa, wie geht man in einer guten Art mit Mädchen um?« »Mama, woran erkenne ich, dass mein Freund der Mann fürs Leben ist?« Fragen über Fragen. Viele Abende fingen mit einer einfachen Frage an und endeten tief in der Nacht. Bei Cappuccino und Keksen sprachen wir von Mutter zu Tochter oder Sohn über Wünsche, Träume und Wirklichkeiten. Jugendliche brauchen Erwachsene, die sich Zeit nehmen. Wenn Sie zum Zeitpunkt der Frage Ihre Pläne aber nicht ändern können, dann verabreden Sie sich mit Ihrem Kind. Laden Sie doch als Vater mal Ihren Sohn oder Ihre Tochter in eine Pizzeria ein. Jeder wird gerne zum Essen eingeladen, und Ihr Kind fühlt sich wertgeschätzt. Das Restaurant bietet einen doppelten Schutz, man ist garantiert ungestört und man kann nicht zu laut werden. Investieren Sie diesen Abend, um über alles zu zweit zu sprechen. Solche Stunden sind sehr kostbar. Der Vorteil am Planen ist die Möglichkeit, sich etwas auf das Gespräch vorzubereiten.

Anregungen zu Gesprächen zwischen Mutter und Sohn
Lehren Sie besonders Ihren Sohn, Gefühle ernst zu nehmen, sie richtig einzuordnen und mit ihnen angemessen umzugehen. Jungen sind oft sehr sensibel. Wenn sie noch klein sind, weinen sie schnell, erleben jedoch, dass sie besser keine Gefühle hätten. Beobachten Sie mal Jungs unter sich, wie sie mit einem Jungen umgehen, der weint, weil er hingefallen ist. »Heulsuse, Muttersöhnchen, Memme, Weichei!«, das sind noch die harmlosen Ausdrücke. Auch von den Eltern hören sie öfters: »Nimm dich zusammen, was sollen denn die anderen von dir denken.« Später wundern wir uns, dass Männer nicht weinen können, teilweise leiden sie auch selbst darunter.

Neulich habe ich meinen Sohn zum Essen in ein Restaurant eingeladen, weil mir aufgefallen ist, dass er seine Gefühle unterdrückt und ich bewusst dieses Thema ansprechen wollte. Folgendes hatte sich ereignet:

Unser 19-jähriger Sohn kommt aus Amerika zurück und fragt beim Frühstück: »Papa, kann ich das Auto haben, um zur Schule zu fahren?« Da der Vater das Auto selbst gerne hätte, bietet er ihm den Roller an. Es ist sehr windig draußen und der alte Roller ist etwas schwierig zu fahren. Ich spüre, dass mein Sohn eigentlich nicht Roller fahren möchte, aber er sagt: »Na gut, dann nehme ich den Roller.« Ich ermutige ihn, seine Gefühle ernst zu nehmen. »Hast du Angst, fühlst du dich nicht im Vollbesitz deiner Kräfte?«, bohre ich nach und erzähle ihm, dass ich manchmal diese inneren Warnsignale überhört hätte und dann erleben musste, dass etwas passierte. Er solle lieber mit dem Auto fahren, als dass er einen Unfall bauen würde. Nach einigen Überlegungen sagt er: »Wenn ich ehrlich bin, habe ich ein mulmiges Gefühl bei dem Gedanken Roller zu fahren. Ich habe nur zehn Stunden in vier Tagen geschlafen.«

Ein paar Tage später fährt er mit dem Roller. Auch diesmal hat er ein mulmiges Gefühl. Doch er übergeht die Gefühle und auf dem Rückweg fährt er an der Ampel auf das vor ihm stehende Auto.

Es ist bestimmt eine Gratwanderung, auf der einen Seite Kinder nicht zu verweichlichen, sie zu lehren, zu überwinden, Ängste abzubauen und Gefühle in den Griff zu bekommen und ihnen auf der anderen Seite zu helfen, Gefühle auch als Frühwarnsystem zu verstehen.

Was muss Ihr Sohn lernen? Gefühle ernst zu nehmen oder sie auch mal dem Verstand unterzuordnen?

Ist Ihnen als Mutter bewusst, dass Sie die erste Frau im Leben Ihres Sohnes sind, die er liebt? Von Ihnen lernt er auch, wie man sich einer Frau gegenüber verhält.

Mein Sohn hat gerade seinen Führerschein gemacht und wir wollen gemeinsam zur Schule fahren. »Weißt du, wie man sich einer Dame gegenüber verhält?«, frage ich ihn. Dann erkläre ich ihm, dass man an der Beifahrertür aufschließt, wartet, bis die Dame eingestiegen ist, die Tür zumacht und dann erst selbst einsteigt. Er bedankt sich und macht mir bei der Rückfahrt wieder zuerst die Tür auf.

Schon öfter habe ich bemerkt, dass die neue Generation wieder mehr Wert auf Etikette legt. Die jungen Männer gehen mit Anzug und Krawatte zur Abschlussfeier der Schule und helfen einer Frau wieder in den Mantel.

Erzählen Sie ihm, worüber sich eine Frau freut und erklären Sie ihm, dass Frauen oft nicht das sagen, was sie denken. Lehren Sie ihn die Zwischentöne zu verstehen.

Aus meiner Erfahrung spreche ich als Mutter eher über die Beziehung zwischen Mann und Frau als über Sexualität. Wenn Sie merken, dass es Ihrem Sohn peinlich ist, über Sexualität zu sprechen, dann ermutigen Sie Ihren Mann, Jugendleiter oder Patenonkel, das Thema mit ihm zu besprechen. Weiß er Bescheid über die unterschiedliche Erregbarkeit von Männern und Frauen? Wie geht er mit Selbstbefriedigung um? Das sind eher Bereiche, die er mit einem Mann besprechen könnte.

Fühlen Sie sich nicht verletzt, wenn Ihr Sohn abblockt, sondern freuen Sie sich darüber, wenn Ihr Partner einen Zugang zu ihm hat. Auch wenn es im Moment weh tut, fühlen Sie sich nicht persönlich angegriffen.

Liebeskummer ist dann wahrscheinlich wieder eher ein Thema, bei dem Sie Ihrem Sohn helfen können. Nehmen Sie die Gefühle Ihres Sohnes ernst. Erzählen Sie aus Ihrem eigenen Leben und helfen Sie ihm, mit Verletzungen umzugehen. Ganz wichtig ist auch, dass Ihr Sohn sich auf Ihre Verschwiegenheit verlassen kann. Wenn er Sie darum bittet, es keinem zu sagen, dann meint er es auch so. Bitte verletzen Sie ihn nicht dadurch, sonst säen Sie Misstrauen und er wird Ihnen nichts mehr erzählen. Versuchen Sie mit Ihrem Sohn so zu sprechen, dass er merkt: »Mama erfasst mich.«

»Ich weiß, dass ihr euch in allem messt und jeder versucht der Erste, der Größte und der Schnellste zu sein. Das ist in Jungen auch so angelegt. Aber ich wünsche mir, dass du es im Bereich der Sexualität nicht so machst. Du musst nicht als Erster durchs Ziel gehen und überall stolz erzählen, dass du der Erste in der Klasse warst, der mit einem Mädchen geschlafen hast.«

Versuchen Sie, Gelegenheiten zu Gesprächen wahrzunehmen, wenn Ihr Sohn aus der Schule oder vom Fußballturnier kommt, wenn Sie ihn zu einem Freund fahren oder von einer Klassenfahrt abholen. Das sind die Zeiten, in denen Sie viele gute Gedanken in ihn pflanzen können.

Oft sind es die vielen kleinen Sätze zwischendurch, die ein Leben prägen.

»Mama, wir müssen mal wieder miteinander reden«, heißt es dann manchmal. Dann ist es gut, es nicht erst auf die lange Bank zu schieben, sondern Zeit zu haben. Sind die eigenen Söhne wichtiger als Freunde? Ihre Söhne in der Pubertät sind nur noch Gäste zu Hause. Bald sind sie ausgeflogen. Nutzen Sie jetzt noch mal die Zeit, Weichen zu stellen.

Manchmal fehlen Zeit und Worte. Dann schreiben Sie einfach einen Brief. Gute Gedanken, Lebensweisheiten habe ich oft in Kartenform auf die Badezimmertür geklebt. Es ist erstaunlich, wie Sätze beeinflussen können, die man immer wieder liest.

Bestärken Sie Ihren Sohn darin, Mann zu sein. Trauen Sie ihm etwas zu, sagen Sie ihm: »Dein Vater ist nicht da, du bist jetzt der Mann im Haus, kannst du das bitte erledigen?« Sie sind maßgeblich daran beteiligt, was sich Ihr Sohn zutraut. Bewundern Sie ihn, loben Sie ihn und helfen Sie ihm, mit seinen Schwächen umzugehen.

Frauen wünschen sich immer noch Männer, an die man sich anlehnen kann und die mit beiden Beinen im Leben stehen. Halten Sie Ihren Sohn nicht in einer künstlichen Abhängigkeit. Hat Ihr Sohn gelernt, für sich selbst zu sorgen? Hat er neben handwerklichen und technischen Fertigkeiten auch gelernt zu kochen, zu waschen, Hemden zu bügeln?

Anregungen zu Gesprächen zwischen Mutter und Tochter
Wie wollen Sie Ihre Tochter auf die erste Monatsblutung vorbereiten? Ich habe mich eines Tages mit Blatt und Stift bewaffnet und unsere damals 10-jährige Tochter an einem ruhigen Nachmittag gebeten, sich mal neben mich zu setzen. Dann habe ich nacheinander die verschiedenen Geschlechtsorgane aufgemalt und ihr erklärt, wie sich ihr Körper nun langsam darauf vorbereitet, einmal Mutter werden zu können. Statt zu zeichnen, können Sie natürlich auch ein Biologie- oder Aufklärungsbuch zur Anschauung nehmen. Ich habe ihr erklärt, dass sich normalerweise irgendwann zwischen dem 9. und 16. Lebensjahr die so genannte Periode einstellt.

Jeden Monat bereitet sich der Körper einer Frau darauf vor, ein Baby austragen zu können. Dazu legt er die Gebärmutter mit einer superweichen, topaktuellen Schleimhaut aus, damit das Baby weich landet, wenn es auf seiner Reise durch den Eileiter dann in der Gebärmutter ankommt. Man könnte auch sagen, dass die Gebärmutter ein Kinderzimmer und die Schleimhaut wie Teppich und Tapete ist. Manche stöhnen über die Monatsblutung, aber ist es nicht gut zu wissen, dass für jedes Kind diese Schleimhaut extra aufgebaut wird? Vielleicht kann das trösten. Und wenn der Körper dann feststellt, dass keine befruchtete Eizelle angekommen ist, dann stößt der Körper diese Schleimhaut bei der Monatsblutung wieder aus. Erzählen Sie Ihrer Tochter, dass sie irgendwann mal anfangen wird, ein paar Tropfen Blut in der Unterhose zu bemerken. Ermutigen Sie sie, es Ihnen zu erzählen und erklären Sie ihr den Umgang mit Binde und Tampon. Erwähnen Sie noch, dass man nur etwa 60 ml Blut in fünf Tagen verliert, das ist eine ½ Kaffeetasse voll. Nehmen Sie ihr auch die Angst vor den Periodenschmerzen, die möglicherweise kommen, und erklären Sie, was man dagegen tun kann.

Welche Einstellung Ihre Tochter zur Monatsblutung haben wird, prägen Sie in einem erheblichen Maß. Freuen Sie sich auf den Tag, wenn der Körper Ihrer Tochter anzeigt, dass sie auf dem Weg ist, eine Frau zu werden, oder reden Sie eher abfällig davon? Schon lange vor dem Ereignis habe ich unserer Tochter gesagt, dass wir die erste Periode feiern werden. Als es dann so weit war, sind wir zusammen in die Stadt gegangen und sie durfte sich Stoff für ein Kleid aussuchen, das ich ihr dann genäht habe. Gehen Sie doch mit Ihrer Tochter Eis- oder Pizzaessen. Laden Sie sie zu einem Einkaufsbummel ein, bei dem sie sich Ohrringe, ein T-Shirt oder ein Parfüm aussuchen darf und feiern Sie gemeinsam, dass es jetzt losgeht, eine Frau zu werden.

Immer wieder werden Sie erleben, dass sich die Gespräche um Freundschaft, Liebe und Sexualität drehen. »Warum hast du dich in Papa verliebt? Was hat dich angezogen? Wie hat er dich gefragt, ob du seine Frau werden willst?« »Woher weiß ich, dass er die große Liebe ist?« »Wie erkenne ich den Partner fürs Leben?« Besonders Töchter lieben es, aus der Vergangenheit der Eltern zu hören und können stundenlang zuhören. Auch beim Umgang mit Liebeskummer sind Sie als Mutter besonders wichtig, diesem unendlichen Schmerz den richtigen Stellenwert zu geben.

Der Liebeskummer kann Ausmaße annehmen, dass Ihre Tochter nicht mehr richtig essen, schlafen und für die Schule lernen kann.

Das Gespräch hilft dabei, die eigenen Gefühle und Gedanken zu ordnen und wieder in den Alltag zurückzukommen.

Arne teilt Liane nach zweijähriger Freundschaft schriftlich mit, dass er die Freundschaft beenden will. Liane ist traurig, wütend und sauer zugleich, als ihre Mutter liebevoll fragt: »Was tut dir denn jetzt so weh?« Durch diese Frage wurde Liane deutlich, dass sie zunächst sauer darauf war, einen Brief in den Händen zu halten, da sie sich eigentlich gegenseitig versprochen hatten, dass sie die Beziehung nur im Gespräch beenden wollten. Außerdem traf sie der Zeitpunkt. Sie kam gerade von einem zweiwöchigen Auslandssprachkurs zurück. Als Grund für die Trennung gab er an, dass sie immer so wenig Zeit für ihn hätte. Aber das Allerschlimmste war, dass er schon eine Beziehung zu ihrer Klassenkameradin angefangen hatte. Wenn sie ganz ehrlich in sich horchte, war sie eher darüber traurig, jetzt keinen Freund mehr zum Ausgehen zu haben, als dass sie wirklich um Arne trauerte.

Manchmal können einfache Fragen helfen, die Gefühle zu sortieren und man sieht wieder klarer. *Liane sprach sich noch einmal mit Arne aus. Sie baten sich gegenseitig um Vergebung und ließen sich beide los.*

Viele Mütter klagen auch, dass ihre Töchter nichts fragen und jedes Gespräch abblocken. Wenn Ihnen etwas ganz wichtig ist, das Ihre Tochter wissen sollte, dann schreiben Sie doch mal einen Brief.

Manchmal kann man seine Gedanken auch in Büchern finden. Lassen Sie dann das Buch einfach auf dem Wohnzimmertisch liegen. Vielleicht wird es von der Tochter gelesen.

Schaffen Sie Gelegenheiten, Zeit zu haben. Was halten Sie von einem Mutter-Tochter-Tag? Fahren Sie doch morgens mal gemeinsam mit Fahrrad, Bahn oder Auto in eine andere Stadt, gehen Sie zusammen einkaufen oder besuchen Sie ein Museum. Setzen Sie sich anschließend in ein gemütliches Café und reden Sie miteinander. Einmal im Jahr müsste das doch drin sein. Meine Tochter und ich haben das immer sehr genossen und es tat der Beziehung gut.

Als meine Tochter ihr Abitur bestanden hatte, gönnten wir uns sogar ein außergewöhnliches Mütter-Töchter-Wochenende. Zusammen mit einer Freundin und ihrer Tochter fuhren wir nach Straßburg. Tagsüber sahen wir uns die Stadt an, gingen in Museen oder Geschäfte und abends und am Sonntagmorgen nahmen wir uns ausführlich Zeit, um über Vergangenheit, Gegenwart und Zukunft zu reden.

»Was war gut in der Erziehung, und was verletzend?« Diese Frage beschäftigte sich mit der Vergangenheit. Wir waren sehr ehrlich miteinander und stellten auch fest, wie wir unsere Töchter durch unsere Art geprägt hatten. Teilweise baten wir um Vergebung, teilweise freuten wir uns an den Schätzen, die wir in unsere Töchter legen konnten. Das nächste Thema behandelte die Gegenwart der Töchter: »Was sind die Träume der Töchter 2003?« und: »Was waren unsere Träume 1973, als wir 20 Jahre jung waren?« »Wir wünschen uns ein spannendes Leben, vielleicht auch einen ausländischen Partner«, meinten die Zwanzigjährigen. Das wünschten sich überraschenderweise auch die Mütter, aber das blieb ein Wunsch, vielleicht auch gut so, wie wir bei den Vor- und Nachteilen gemischt kultureller Ehen feststellten. Es wurde auch gefragt: »Warum habt ihr gerade diesen Mann geheiratet?«

Am letzten Tag fragten wir uns: »Wie geht's konkret weiter mit unserer Beziehung?« Die Wünsche unserer Töchter an uns stichpunktartig zusammengefasst: In die Freiheit entlassen und doch in Liebe erwartet werden, das Elternhaus als ein Ort der Zuflucht in Zeiten der Not haben.[41]

Gute Mutter–Tochter-Beziehungen brauchen gemeinsam verbrachte Zeit, Muse für Gespräche und gegenseitiges Vertrauen. Gehen Sie den ersten Schritt und wenn es nicht gleich klappt, versuchen Sie es immer wieder.

Anregungen zu Gesprächen zwischen Vater und Sohn

Vertrauen erfordert Echtheit[42]

Wenn wir mit unseren heranwachsenden Kindern über so sensible Bereiche wie Sexualität sprechen, ist es sehr wichtig, dass wir es nicht mit erhobenem moralischem Zeigefinger tun. Die Folge wäre, dass sich die erwachsen werdenden Jugendlichen sofort verschließen würden. Sie sind ja von ihrer Entwicklung her betrachtet in einer Phase, in der sie sehr viel Wert auf die Respektierung der Grenzen ihrer Persönlichkeit legen. Sie reagieren allergisch darauf, wenn sie den Eindruck haben, von den Eltern oder anderen Autoritätspersonen wie Kinder behandelt zu werden. *Wer das Vertrauen seiner heranwachsenden Jugendlichen haben will, muss es bewahren und immer wieder neu gewinnen.*

Es gibt einen Unterschied zu früheren Zeiten, der darin besteht, dass Autorität nicht mehr automatisch an eine Funktion wie Eltern, Lehrer, Pfarrer geknüpft ist, sondern sich durch Glaubwürdigkeit und Kompetenz immer wieder neu legitimieren muss. Ähnlich verhält es sich mit dem Vertrauen zwischen Eltern und heranwachsenden Kindern. Unsere Kinder werden nur dann ein offenes Gespräch über ihre persönlichsten Lebensbereiche führen und einen Einblick in ihre intimen Gedanken gewähren, wenn wir für sie vertrauenswürdig sind.

Ich bin erstaunt, wie genau unsere beiden Kinder beobachten und auch früher schon beobachtet haben, wie wir als Ehepartner miteinander umgehen. Dabei sind wir auch nur ganz normale Menschen, eben keine Idealmenschen, mit Konflikten, Schwierigkeiten und Herausforderungen. So gab es auch in unserer Ehe Situationen mit Spannungen und Streit, aber wir achteten als Ehepaar sehr sorgfältig darauf, dass die Kinder, wenn sie einen Konflikt von uns Eltern miterlebten, sie auch die Versöhnung mitbekamen. Eines Tages hörte ich zufällig ein Gespräch zwischen meinem damals 16-jährigen Sohn und einem seiner Freunde mit, in dem er Folgendes erzählte: »Wenn meine Eltern sich streiten, ist es ganz lustig. Denn wenn mein Vater aus dem Haus geht und wegfahren muss, dauert es keine 15 Minuten bis er anruft und sich bei Mama entschuldigt. Sonst kann er nicht predigen. Er ist nämlich Pastor.«

Eltern brauchen nicht fehlerfrei sein, aber glaubwürdig müssen sie sein, zumindest dann, wenn sie das Vertrauen ihrer Kinder haben wollen. Ich empfand es als ein riesiges Kompliment, als vor einiger Zeit mein mittlerweile 22-jähriger Sohn zu meiner Frau und mir sagte: »Ich finde, dass ihr keine Idealehe führt, aber wenn ich das mal mit meiner Frau so hinbekomme wie ihr, dann wäre das super. Ich wäre echt zufrieden. Und außerdem, was ich euch schon immer mal sagen wollte, wir sind eine echt coole Familie.«

Begleitung durch die Sturm- und Drangzeit

Das Bemühen um Ehrlichkeit, Glaubwürdigkeit und um eine Familienatmosphäre, die von Echtheit geprägt ist, bildete bei uns die Grundlage für so manches persönliche Gespräch zwischen Vater und Sohn auch in den schwierigen Jahren der Sturm- und Drangzeit der Pubertät. Immer wieder ging ich mit meinem Sohn abends essen und wir führten viele Gespräche von »Mann zu Mann« (übrigens eine gute Tradition, die wir bis heute pflegen). In diesen Gesprächen erfuhr ich sehr viel über seine persönlichsten und geheimsten Gedanken. Einmal sagte er zu mir: »Papa, ich weiß, dass du mit dem, was ich dir jetzt erzähle, nicht einverstanden bist, aber ich bin noch jung, ich brauch das jetzt einfach. Aber mach dir keine Sorgen, später werde ich dann schon vernünftig.«

Durch diese vertraute »Männerrunde« erfuhr ich viele Dinge von ihm (Mama durfte davon nichts erfahren, auch wenn es meist harmlose Dinge waren, aber wir redeten eben von Mann zu Mann), behielt aber auch Einfluss auf ihn. Über vieles diskutierten wir ausgiebig; nicht über alles konnten wir uns einigen. Aber ich bemerkte, wie er über meine Argumente nachdachte und oft stellte ich erstaunt fest, wie er bei Gesprächen mit seinen Freunden die von mir gehörten Argumente vertrat.

Es ist wichtig für Eltern, Lehrer und auch Pfarrer zu realisieren, dass man ab einem gewissen Zeitpunkt Teenagern nichts mehr aufzwingen kann. Entweder man besitzt ihr Vertrauen oder man verliert seinen Einfluss auf sie. Das bedeutet nicht, dass man sich den Jugendlichen anbiedert, weder im Stil noch in den Inhalten. Um reifen zu können, brauchen sie Reibungsflächen, sie brauchen Widerstand, mit dem sie sich auseinander setzen können, um zu eigenständigen kraftvollen Persönlichkeiten werden zu können.

Nicht der moralische Zeigefinger ist es, den sie brauchen, sondern Persönlichkeiten, die bereit sind, mit ihnen zu diskutieren, zu streiten und zu ringen, weil sie um ihr Wohlergehen besorgt sind. Junge Leute spüren sehr deutlich, ob sie jemand rechthaberisch, moralisierend zutextet oder ob jemand wirklich von Herzen um sie besorgt ist.

Was sagt der Vater seinem Sohn?

In diesen oben erwähnten Gesprächen hatte ich Gelegenheit, meinem Sohn immer wieder wertvolle Impulse zu vermitteln, von denen ich einige wiedergeben möchte:

- Mit Mädchen spielt man nicht. Sie sind Menschen mit Würde. Fummeln, Antatschen, Spielereien, nur um seine Lust und Neugierde zu befriedigen, verletzt die Würde des Mädchens, aber auch die eigene. Sie sind Töchter ihrer Mütter. Denke daran, mit wie viel Fürsorge, Respekt und Liebe wir in unserer Familie miteinander umgegangen sind. Denke an deine Schwester, möchtest du, dass man mit ihr leichtfertig, erniedrigend, nur die Lust befriedigend umgeht?
- Jeder Mensch hat ein Geheimnis. Jeder Körper ist anders gestaltet, auch die Geschlechtsteile sehen bei jedem Menschen etwas anders aus. Es gibt zwar einen anatomischen Grundbauplan, aber jeder Mensch ist individuell und etwas anders gestaltet. Auch beim Orgasmus reagiert jeder Mensch individuell auf andere Weise und das ist gut so. Du hast ein Geheimnis, jeder Junge hat ein Geheimnis, jedes Mädchen hat ein Geheimnis. Dieses Geheimnis sollte nur ein Mensch wissen und erleben: Der zukünftige Ehepartner. Wenn du es aber mit Mädchen zu tun hast, so taste ihr Geheimnis nicht an, es gehört dir nicht, es gehört ihrem zukünftigen Ehemann. Aber pass auch auf dich selbst auf und lass dir dein Geheimnis nicht entreißen. Bewahre dich auf für deine einzige zukünftige Frau. Nur sie sollte dein Geheimnis kennen.
- Wer das Geheimnis des anderen Menschen respektiert und sich selbst bewahrt, hat es leicht, bis zum Ende seines Lebens dem einen Partner treu sein. Wer leichtfertig mit sich selbst und anderen umgeht, hat es schwer, wirklich treu sein.
- Wer das Geheimnis der Ehe nicht wertachtet und hoch schätzt, wird in Zeiten der Anfechtung und Krise nicht treu sein können.

Diese Inhalte bewegten wir in unseren Gesprächen immer wieder. Ich bin heute sehr dankbar dafür, dass aus dem Teen von damals ein verantwortungsbewusster junger Mann geworden ist, der vielleicht nicht in allen Dingen genauso denkt wie ich, aber dem man vertrauen kann – auch in dieser Beziehung.

Anregungen zu Gesprächen zwischen Vater und Tochter[43]
Gespräche in der vorher beschriebenen Art fanden immer wieder auch mit meiner Tochter statt, wenn auch nicht in der Häufigkeit und Intensität wie mit meinem Sohn. Allerdings hatte meine Frau in der Zeit ihrer Entwicklung sehr persönliche, enge und vertrauliche Gespräche mit ihr. Es war für uns in der Familie völlig in Ordnung, wenn Papa mit Daniel redet und Mama mit Damaris. Allerdings erinnere ich mich noch gut an ein Seminar, das ich für die heranwachsenden jungen Leute in unserer Gemeinde zu diesem Thema hielt. Sehr aufmerksam verfolgte sie jedes Wort von mir und Jahre später sagte sie mir: »Papa, ich weiß noch genau, was du damals alles gesagt hast. Ich hatte nämlich Angst, es könnte peinlich für mich werden, aber ich fand's dann echt gut. Ich hab das bis heute nicht mehr vergessen.«

Du bist nicht altmodisch, wenn ...
Ich denke, es ist wichtig, wenn wir unsere Töchter darüber aufklären, dass es Unterschiede in der Sexualität zwischen Mann und Frau gibt und Mädchen sich vor der drängenden Art der Sexualität, wie sie bei Männern überwiegend zu finden ist, schützen dürfen. Die so genannte sexuelle Befreiung der 68-er beseitigte einen wichtigen Schutz für die weibliche Sexualität. Männer finden bekanntlich Erregung und Befriedigung durch äußere Reize, während die weibliche Sexualität mehr auf Beziehung, Nähe und das Gefühl, sich auf den anderen verlassen zu können, reagiert. Ungezügelte, lustorientierte Sexualität, wie sie in den Medien und der Werbung propagiert wird, kommt eher der männlichen Sexualität entgegen und beraubt die Frauen eines wichtigen Schutzes. Wie oft habe ich in der Seelsorge von jungen Frauen gehört, dass sie sich von Männern ausgenutzt und benutzt fühlten. »Sei nicht so zickig, stell dich nicht so an, was bist denn du für eine, alle machen es ... bei dir stimmt wohl was nicht ...« – etc. Das sind Aussprüche, mit denen sich viele Männer Frauen gefügig machen. Wer möchte schon als verklemmt gelten, also geben viele Frauen ihre Grenzen auf und bereuen es hinterher bitter.

Ich denke, es ist eine wichtige Aufgabe gerade für uns Väter, unseren Töchtern zu vermitteln: Du bist nicht altmodisch, zickig oder verklemmt, wenn du dein Geheimnis schützt. Es ist wichtig, dass gerade wir Väter unsere Töchter auffordern, sich vor der gefährlichen Seite der männlichen Sexualität zu schützen. Auch hier sind wir Väter aufgefordert unseren Töchtern taktvoll und behutsam ein Bewusstsein dafür zu geben, was eine freizügige Art der Kleidung mit den Jungs in ihrem Inneren anstellt, weil sie ja auf äußere Reize reagieren. *Es ist nicht altmodisch, sondern rücksichtsvoll gegenüber seinen männlichen Kameraden und Freunden, wenn man nicht jeden Trend der Mode mitmacht.* Wir erweisen unseren Töchtern damit einen wichtigen Dienst zu ihrem eigenen Schutz.

Entziehe dich der Verpflichtung zur Intimität

Das Jugendalter, die Pubertät, ist für junge Menschen eine sehr kritische und verwundbare Phase. Der junge Mensch entwächst dem Schutz des Elternhauses, die Gruppe der Gleichaltrigen gewinnt mehr und mehr an Bedeutung und die Gesellschaft tritt mit ihren Erwartungen an den jungen Menschen heran. Für welchen Beruf bist du geeignet, wie intelligent, leistungsfähig und produktiv, wie nützlich kannst du für die Gesellschaft, die Wirtschaft oder den Staat sein? Durch Eignungstests und Intelligenztests fühlt sich der junge Mensch auf dem Prüfstand. All das ist für den jungen Menschen zutiefst verunsichernd. Ist er doch gerade in dieser Zeit auf der Suche nach seiner eigenen Identität. Weil er innerlich verunsichert ist, braucht der junge Mensch gerade für seine Intimität Schutz. Nun soll er sich auch noch im Bereich des Persönlichsten, Intimen preisgeben, sich ausprobieren lassen, notwendige Grenzen zum Schutz seiner Persönlichkeit preisgeben. Es war der bekannte Psychologe Erik Erikson, der darauf hinwies, dass die »Verpflichtung zu Intimität« in dieser hochsensiblen Phase statt zur Identitätsfindung zur Identitätsdiffusion und damit zum Zusammenbruch der Persönlichkeit führen kann.[44]

Eltern tun ihren Söhnen und Töchtern keinen Gefallen, wenn sie diese »Verpflichtung zur Intimität« unterstützen. Wir Väter dürfen unsere Töchter ermutigen, ihre Intimität zu bewahren – ohne Furcht, damit altmodisch zu sein. Und wir dürfen ihnen sagen, dass ein Mann Bewunderung für eine Frau empfindet, wenn sie sich bewahrt, ja dass in jedem Mann der Wunsch tief verwurzelt ist, dass seine Frau wirklich nur *seine* Frau ist.

Könnten Sie sich vorstellen, mit Ihrer Tochter solche Gespräche zu führen oder würden Sie ihr lieber einen Brief schreiben?

Liebe Marie[45]*,*

als ich heute Nachmittag so unvermittelt ins Wohnzimmer kam und dich mit deinem Freund auf der Couch liegend sah, wurde mir ganz anders. Ich hab mich gefragt, ob ihr überhaupt wisst, was ihr da tut. Wenn ihr jetzt schon so viel körperliche Nähe zulasst, wie wollt ihr dann eure Freundschaft gestalten und entfalten? Vielleicht bist du dir gar nicht darüber im Klaren, dass die Sexualität eines Mannes in mancher Hinsicht ganz anders ist als die einer Frau. Ich fürchte, wenn die körperliche Intimität bei euch jetzt schon so eine Vorrangstellung hat, nehmt ihr euch eine wesentliche Möglichkeit in eurer Liebesfähigkeit zu wachsen. Ein Junge, der dich attraktiv findet, muss dich noch lange nicht lieben. Ob dein Freund schon in der Lage ist, meine Tochter zu lieben, jenes einzigartige Mädchen, das es unter Millionen anderer nur einmal gibt? Dein Freund braucht deinen Widerstand, klare Grenzen, um seine körperliche Energie auch auf Dinge zu richten, welche die Beziehung fördern. Dazu gehört im Wesentlichen das Gespräch. Jede Beziehung lebt in allererster Linie vom Gespräch. Wenn ihr die körperliche Intimität zur Hauptsache macht, wird eure Beziehung sehr schnell leer laufen. Beziehungen, die leidenschaftlich begonnen haben, brechen heutzutage nicht umsonst so schnell wieder auseinander, weil oft kein Fundament gebaut worden ist, auf dem Liebe hätte wachsen können. Leider stellt man das allzu oft erst fest, wenn man schon miteinander im Bett war. Was übrig bleibt ist nicht selten tiefe Beschämung. Leider wird darüber kaum gesprochen. Man beschwichtigt sich mit dem Gedanken, dass es wohl nicht der Richtige gewesen sei.
Nun weiß ich auch, wie schwer es dir fällt, dir von mir etwas sagen zu lassen. Natürlich denkst du, das Recht zu haben, jetzt erst einmal deine eigenen Erfahrungen zu machen. Das sollst du auch. Aber Erfahrungen sammeln und sich etwas antun, sind zwei verschiedene Dinge. Wenn man die Erdgravitation erfahren will, ist es besser, man lässt harmlosere Dinge aus dem Fenster fallen als sich selbst. Auch wenn deine Lust am Leben unbändig groß ist, bist du nicht unverwundbar und momentan riskierst du Verletzungen, deren Folgen dir möglicherweise ein Leben lang anhängen.
Ich musste dir das alles so sagen, weil ich dich so sehr lieb habe. Du bist mir kostbar – viel zu kostbar, als dass ich gleichgültig zusehen könnte, wenn du dich in Gefahr begibst.

Ich hab dich lieb, Papa

In vielen meiner Vorträge habe ich die Beobachtung gemacht, dass Menschen innerlich tief bewegt und betroffen waren, wenn ich über diese Zusammenhänge sprach. Nicht geringschätziges Lächeln oder Spott waren die Reaktion, sondern Betroffenheit über Wahrheiten, die jeder Mensch in sich trägt, auch wenn er es nicht zugibt. Als Väter sollten wir den Mut haben, unseren Töchtern die Angst zu nehmen, altmodisch zu erscheinen, wenn sie zu diesen Wahrheiten stehen.

Kapitel 8

Freundschaft, Liebe und Sexualität im Licht der Bibel

Verklemmte Sexualität und falsches Gottesbild

Christentum wird in unserer Gesellschaft oftmals assoziiert mit Verboten, Leibfeindlichkeit, Verklemmung und Weltflucht. Dabei ist Gott, so wie ihn uns die Bibel zeigt, ganz anders. Gott ist den Menschen freundlich zugewandt, verständnis- und liebevoll, weder leib- noch genussfeindlich. Seine Gebote sind nicht bedrückend und einengend. Sie markieren einen Schutzraum, innerhalb dessen Grenzen sich das Leben in seiner ganzen Buntheit und Freiheit entfalten kann.

Ich denke, die Christenheit hat sich längst von dem bedrohlich-düsteren Gottesbild des Mittelalters, das auf falscher Exegese und einer irregeleiteten Kirchenpolitik beruhte, verabschiedet. Es hat sich langsam herumgesprochen, dass der Schöpfer des Lebens, der Freude und auch der Sexualität dem Menschen alles andere als prüde, genuss- und leibfeindliche, religiöse Verordnungen aufdrücken will.

Was sagt Gott in der Bibel über Sexualität tatsächlich?

Sexualität darf und soll genossen werden. Nicht heimlich, mit schlechtem Gewissen unter der Bettdecke, gerade mal zum Kinderzeugen. Wer über das Christsein so denkt oder aus früherer Zeit so geprägt ist, sollte einmal das Hohelied im Alten Testament lesen: Mit welcher Leidenschaft, Liebe, gegenseitiger Faszination und Hingabe wird hier die Sexualität zwischen Mann und Frau beschrieben. Da ist nicht Verklemmung, Prüderie oder sonst etwas Einengendes zu finden. Allerdings zeigt die Bibel einen klaren Rahmen als Schutz für die Ausübung dieser vitalen Sexualität auf. Wie gesagt: als Schutz, nicht als Einengung. Nirgends ist der Mensch so schutzlos und so intim, so hüllenlos und damit verwundbar wie bei der sexuellen Begegnung. Wie tief kann der Schmerz der Verletzung gehen, wenn man bemerkt, in seinem persönlichsten, geheimnisvollsten Bereich benutzt oder einfach nur oberflächlich und damit geringschätzig behandelt worden zu sein. Deshalb gehört dieser Bereich in den Schutzraum der Ehe. Beide Partner haben »Ja« zueinander gesagt. Beide Partner haben ihre Absicht bekundet, für immer beieinander zu bleiben, haben sich gegenseitig versprochen: »bis dass der Tod uns scheide ...«.

Dies ist der Rahmen, in dem das faszinierende Geschehen menschlicher Sexualität in Freiheit, Würde und Genuss eingebettet sein muss. Ansonsten besteht die Gefahr der Verletzung, Erniedrigung und Kränkung der Würde. Dieses sich gegenseitig aufeinander Verlassenkönnen, das im Eheversprechen liegt, wenn es ernst gemeint ist, ist der von Gott verordnete Schutz für die Menschen, seine von ihm zutiefst geliebten Geschöpfe.

Sexualität im Alten Testament

Deshalb gab es zur Zeit des Alten Testamentes zum Schutz der Sexualität in der Ehe folgende Verordnungen.

Wenn ein Mann ein unberührtes Mädchen verführt, das noch nicht verlobt ist, muss er den Brautpreis bezahlen und sie heiraten (2. Mose 22,15ff.). Dieser Bibelvers zeigt deutlich, dass Geschlechtsverkehr außerhalb der Ehe vom Alten Testament her betrachtet nicht vorgesehen war und außerhalb der Ehe auch nicht ohne Konsequenzen praktiziert werden konnte. Dementsprechend waren junge Frauen stolz darauf, Jungfrauen zu sein und bekannten sich öffentlich dazu. In 2. Samuel 13,18 lesen wir: *»Und sie hatte ein Ärmelkleid an, denn solche Kleider trugen des Königs Töchter, solange sie Jungfrauen waren.«*

Die sexuelle Unberührtheit hatte einen so hohen Stellenwert, dass eine Frau gesteinigt werden konnte, wenn sich herausstellte, dass sie nicht mehr Jungfrau war *(5. Mose 22,13ff.).* Aber auch Männern drohte bei sexueller Verfehlung die Todesstrafe *(5. Mose 22,25).*

Dass praktizierter Geschlechtsverkehr auch die Übernahme von Verantwortung füreinander bedeutet, zeigt die Verordnung in *5. Mose 22, 28-29.* Dort wird ausgeführt, dass nach vollzogenem Geschlechtsverkehr der Mann den Brautpreis bezahlen, die Frau zu sich nehmen musste und sich nicht mehr von ihr scheiden lassen konnte.

Praktizierte Sexualität bedeutete also die Übernahme von Verantwortung füreinander. Dieses Bewusstsein ist in der heutigen Zeit weitgehend verloren gegangen.

Sexualität im Neuen Testament

Immer wieder wird argumentiert, es sei alttestamentlich, aber im Neuen

Testament würde man nichts darüber lesen können, dass vorehelicher Geschlechtsverkehr verboten sei.

Liest man jedoch die Stellen im Zusammenhang, entsteht ein eindeutiges Bild. Das Neue Testament warnt an vielen Stellen ausdrücklich und sehr scharf vor Unzucht (Galater 5,19; 1. Korinther 6,18f. u. v. a. m.).

Was aber ist Unzucht?

Wenn das Neue Testament von Unzucht spricht, ohne dies genau zu definieren, dann setzt es beim Leser ein gewisses Vorverständnis voraus. Dieses Vorverständnis der neutestamentlichen Leser war geprägt vom Alten Testament, weil auch in der frühen Christenheit das Alte Testament zu den heiligen Schriften gehörte. Somit ist vorehelicher Geschlechtsverkehr eindeutig schriftwidrig auch im Sinne des Neuen Testaments *(1. Thessalonicher 4,3-5* bestätigt dies). Mehr noch: War im Alten Testament nur die Tat verwerflich, so weitet das Neue Testament den sündigen Umgang mit Sexualität bis in die Gedankenwelt hinein aus und macht damit deutlich: Ehebruch und sexuelle Verfehlung beginnt im Herzen und in der Gedankenwelt eines Menschen. Jesus sagt, dass die sexuelle Verfehlung damit beginnt, wenn man außerhalb der Ehe jemand lustvoll mit bestimmten Absichten und Gedanken beobachtet *(Matthäus 5,28).* Damit ist es eindeutig, dass auch das Neue Testament den außerehelichen Geschlechtsverkehr untersagt, ja die Grenze noch wesentlich weiter bis in die Gedankenwelt und die Motive hinein vorverlegt.

Dass es bei einer solchen Verschärfung der Grenzen bis hinein in die verborgenen Seiten des Herzens auch der liebevollen Vergebung und der Gnade bedarf, ist ebenfalls eine wichtige und zentrale Aussage des Neuen Testaments. Wie gut, dass wir einen gnädigen, barmherzigen und jederzeit zur Vergebung bereiten Gott haben, der uns nicht nur immer wieder die Chance für einen neuen Anfang gibt, sondern auch die Kraft für ein reines und erfülltes Leben zur Verfügung stellt.

Ganz deutlich zeigt uns das Neue Testament, dass die Zeit für Todesstrafe und Steinigung endgültig vorbei ist. Jeder, der sich verfehlt, hat die Möglichkeit zur Umkehr und Vergebung und damit die Wiederherstellung ungetrübter Reinheit. Allerdings bleibt das Ziel bestehen: Ein Leben in Reinheit und Treue aus der Kraft Gottes und der Entschlossenheit des Herzens.

Gott fordert uns in seinem Wort immer zu eigenverantwortlichem Handeln auf. Er gab uns den freien Willen und seine Gebote und traut uns zu, die richtigen Entscheidungen für unser Leben zu treffen.

Gottes Rat für Jugendliche

Wecke die Liebe nicht auf

Im *Hohen Lied der Liebe* wird an drei Stellen (*2,7; 3,5, 8,4*) eindringlich darum gebeten, die Liebe nicht vorzeitig aufzuwecken, was durch Zeitschriften, Bücher und Filme, durch zu frühe Freundschaften und durch Freunde, die schon Erfahrungen gemacht haben, geschehen kann. Denn es ist leichter auf etwas zu verzichten, was man noch nicht als schön empfunden hat.

Schließe einen Bund mit deinen Augen

Über Hiob lesen wir in *Hiob 31,1ff.*, dass er sich dazu verpflichtet hat, kein Mädchen als Lustobjekt anzuschauen. Heute müsste man den Bund mit den Augen auf viele Bereiche ausdehnen. An jeder Plakatwand, in vielen Zeitschriften und Kinofilmen wird Sexualität angepriesen und ohne diese feste Entscheidung im Herzen, Verantwortung für das zu übernehmen, was ich sehe, kann es nicht gelingen, enthaltsam bis zur Ehe zu leben. Hat der Jugendliche gelernt, bei bestimmten Filmszenen entweder die Augen zu schließen oder sogar den Fernseher auszumachen? Wie geht er mit den Versuchungen im Internet um?

Behüte dein Herz

In den *Sprüchen 4,23* bittet Gott uns, auf unser Herz aufzupassen, es zu schützen.

Wie könnte eine Strategie für einen Jugendlichen aussehen, der sich vorgenommen hat, mit dem Intimverkehr bis zur Ehe zu warten?

Nicht mit jemand allein auf sein Zimmer gehen, den man aufreizend findet. Mit dem Freund / der Freundin klare Absprachen machen, sich gegenseitig zu stützen. In der Situation der Versuchung sind die Gefühle zu stark. Dann sagt man: »Ich konnte nicht anders, ich bin reingeschlittert.« Gott sagt: *»Überschlage die Kosten, bevor du den Turm baust« (vgl. Lukas 14,28).*

Werde eine reife Persönlichkeit

In *Epheser 5,31-32* finden wir eine Reihenfolge des Beziehungsaufbaus.

Erst sollte ein junger Mensch reif genug sein, um sein Elternhaus verlassen und eigenständig leben zu können. Danach wird er einen Ehevertrag mit einer Frau eingehen, der unauflöslich ist. Gott hält seine Bündnisse mit den Menschen und wir sollten ihn als Vorbild nehmen. Nachdem der Ehebund geschlossen ist, werden die zwei ein Fleisch werden.

Wirb um eine Frau in Reinheit

Der Jugendliche sollte lernen, seine Begierden in den Griff zu bekommen, durch Verzicht reif zu werden und die Frau als gleichberechtigtes Gegenüber zu entdecken. In *1. Thessalonicher 4,3-5* wird der junge Mann darauf hingewiesen, dass eine Frau zu ehren ist. Die Brautwerbung sollte in Heiligung und Ehrbarkeit erfolgen. Das Ziel ist lebenslange Treue, nicht flüchtige Lust. Nicht *ich* bin der Mittelpunkt, *meine* Bedürfnisse müssen befriedigt werden, sondern wir sollen dazu reifen, uns gegenseitig als Geschenk zu sehen.

Verwechsle Begierde nicht mit Liebe

In *2. Samuel 13,1-22* lesen wir in aller Offenheit, wie Begierde von einem Menschen Besitz ergreift und was daraus werden kann.

Amnon, der erstgeborene Sohn von König David, verliebte sich in seine Halbschwester Tamar. Sein Verliebtsein wurde so stark, dass er an nichts anderes mehr denken konnte. Er wurde krank vor Liebe, aß nichts mehr und grämte sich, weil es ihm unmöglich erschien, seine Liebe auszuleben und ihr somit etwas anzutun. Amnon hatte einen sehr erfahrenen Freund, Jonadab, der ihm riet, sich krank zu stellen und dann seinen Vater David zu bitten, Tamar zu ihm zu schicken. Sie sollte Kuchen backen und ihm den Kuchen ins Zelt bringen. Als er Tamar so nah bei sich spürte, überwältigte ihn die Lust. Tamar versuchte, ihn von seinem Vorhaben, mit ihr zu schlafen, abzubringen. Sie warnte ihn erstens vor ihrer Schande, zweitens vor seiner Schande, drittens zeigte sie ihm einen Ausweg, bat um Geduld und schlug ihm vor, David um ihre Hand zu bitten. Doch Amnons Begierde war übermächtig und so vergewaltigte er sie. Im gleichen Moment schlug die Liebe oder besser gesagt die Begierde in Hass um. Er schickte sie fort.

Sprechen Sie doch mit den Jugendlichen über die einzelnen Bibelstellen und beten Sie für Ihre Kinder.

Kapitel 9

Wie versucht der Staat, unsere Kinder zu schützen?

Als unser Sohn 15 Jahre alt wurde, wollte er gerne eine Party mit Alkopops und Bier feiern. Wir machten ihn darauf aufmerksam, dass selbst das Jugendschutzgesetz Jugendlichen Alkoholkonsum erst ab dem 16. Lebensjahr gestattet. »Alle geben schon Alkopops und Bier mit 15 Jahren auf Partys aus, ich mache mich doch nicht lächerlich«, argumentierte er. »Könnt ihr denn nicht einmal nicht so streng sein?« Das Ende der Diskussion war, dass er wütend sagte: »Entweder gibt es Alkohol auf der Party oder ich feiere nicht.« Darauf sagte ich: »O.k., dann feierst du nicht.« Am nächsten Tag fand ich in der Tageszeitung einen Artikel mit der Überschrift: Alkohol erst ab 16 Jahren. Ich war sehr dankbar darüber und zeigte ihn meinem Sohn. Ein Jahr später durfte er dann seinen 16. Geburtstag mit Fassbier feiern und er meinte: »Es ist richtig etwas Besonderes, 16 Jahre alt zu werden.«

Eine ähnliche Reaktion habe ich bei meinem anderen Sohn erlebt, als er 12 Jahre alt wurde. Filme, die der Staat ab 12 Jahren zuließ, durfte er auch nicht früher ansehen. Immer wieder gab es Kämpfe, besonders um den Film »Titanic«. Viele Eltern ließen ihre 10- bis11-jährigen Kinder den Film schon sehen und unser Sohn war bald wirklich der Einzige, der ihn nicht gesehen hatte. Als dann der große Tag kam, an dem er 12 Jahre alt wurde, sagte er mit triumphierender Stimme: »Heute schau ich mir Titanic an. Mama, mir bedeutet der 12. Geburtstag ganz viel. Jetzt darf ich viele Filme sehen. Für meine Klassenkameraden bedeutet es gar nichts, 12 zu werden. Das ist eigentlich schade. So hat es doch was Gutes, dass ihr mir vorher die Filme verboten habt.« Ich habe viel darüber nachgedacht und mich gefragt: »Wo nehmen wir unseren Kindern etwas von der Vorfreude weg, wenn wir etwas zu früh erlauben, abgesehen von den gesundheitlichen oder seelischen Folgen, die zu früher Alkoholkonsum oder manche Filme nach sich ziehen.«

Das Sexualstrafrecht vom 1.4.1998

Auch im sexuellen Bereich hat es sich der Staat zur Aufgabe gemacht, die Entwicklung der Kinder und Jugendlichen zu schützen. Ziel ist bei allen

Gesetzen der Schutz des Einzelnen und das Recht auf freie Selbstbestimmung. Das Strafrecht setzt dann ein, wenn ein anderer oder die Allgemeinheit durch ein Verhalten verletzt oder gefährdet wird.

Was ist eine sexuelle Handlung im Sexualstrafrecht?

Keine sexuelle Handlung:

- Umarmung
- Streicheln
- Gute-Nacht-Küsse
- Sprechen über sex. Dinge

Sexuelle Handlung von einiger Erheblichkeit:

- Zungenküsse
- Gegenseitiges oder einem anderen gezeigtes Onanieren
- Entblößen der Geschlechtsteile eines anderen oder der weiblichen Brust
- Betasten der Geschlechtsteile eines anderen oder der weiblichen Brust
- Petting
- Geschlechtsverkehr
- Entblößt bleiben, wenn jemand kommt

Man unterscheidet vier Altersstufen im Sexualstrafrecht:

- Kinder bis 14 Jahre
- Jugendliche zwischen 14 und 16 Jahren
- Jugendliche zwischen 16 und 18 Jahren
- Volljährige ab 18 Jahren

Kinder bis 14 Jahre

Bis 14 Jahre besteht ein umfassender Schutz. Jede sexuelle Handlung wird als sexueller Missbrauch eingestuft und ist strafbar, auch wenn das Kind oder dessen Erziehungsberechtigter zustimmt. Es spielt auch keine Rolle, ob ein Abhängigkeitsverhältnis ausgenutzt wird oder nicht.

Minderjährige sind nicht nur vor sexuellen Handlungen Erwachsener und Jugendlicher zu schützen, sondern dürfen selbst auch erst ab 14 Jahren sexuell aktiv werden. Dies zu überwachen ist Aufsichtspflicht der Eltern bzw. der Lehrer oder Jugendleiter, denen die Kinder auf Zeit anvertraut werden.

Es ist nicht nur verboten, sexuelle Handlungen an dem Kind durchzuführen oder durchführen zu lassen, es ist auch strafbar, sexuelle Handlungen vor einem Kind vorzunehmen oder das Kind dazu zu bringen, sexuelle Handlungen an sich oder an Dritten vorzunehmen und dem Kind pornografische Schriften, Kassetten oder Videos vorzuführen oder über Pornografie zu reden. Sogar der Versuch ist strafbar.

Jugendliche zwischen 14 und 16 Jahren

Bei Jugendlichen zwischen 14 und 16 Jahren mache ich mich strafbar, wenn ich sexuelle Handlungen Minderjähriger fördere, vermittele, aber auch wenn ich sie gewähre oder günstige Gelegenheiten dazu schaffe. Also wenn Sie einen 15-Jährigen mit seiner 14-jährigen Freundin in einem Zimmer zusammen schlafen lassen, machen Sie sich strafbar, da Sie günstige Gelegenheiten ermöglicht haben.
Jede sexuelle Handlung an, durch und vor Schutzbefohlenen ist verboten.

Jugendliche zwischen 16 und 18 Jahren

Bei Jugendlichen zwischen 16 und 18 Jahren ist es noch strafbar, die sexuelle Handlung von Jugendlichen zu fördern.
Jede sexuelle Handlung an, durch und vor Schutzbefohlenen unter Ausnutzung des Abhängigkeitsverhältnisses ist verboten.

Jugendliche ab 18 Jahren

Erwachsene sind für ihr Tun und die Folgen selbst verantwortlich. Bestraft wird, wer eine Frau mit Gewalt oder Androhung von Gewalt zu sexuellen Handlungen zwingt.

Einige Überlegungen zum eigenen Schutz und zum Schutz unserer Kinder

Ich erlebe immer wieder Eltern, die sehr verunsichert sind und denken, dass sie den Jugendlichen alles erlauben müssen, nach dem Motto: »Es machen doch alle.« Es ist wichtig, dass wir unsere Verantwortung als Erziehungsberechtigte wahrnehmen. In diesem Falle hilft uns der Staat sogar dabei.

Sonst kann es passieren, dass Ihr 15-jähriger Sohn eine 13-Jährige dazu verführt, sexuelle Handlungen vorzunehmen und sich dadurch strafbar macht. Die Schuldfähigkeit und damit die Strafbarkeit ist bei Kindern unter 14 Jahren ausgeschlossen, aber ab 14 Jahren gegeben.

Nicht nur Kinder, auch Eltern machen sich oft keine Gedanken über Folgen, die aus ihrem Handeln entstehen können. Eltern fühlen sich oft großzügig, wenn sie ihrem Nachwuchs schon früh sexuelle Freiheiten geben. Aber welche Konsequenzen hat die Freizügigkeit, wenn Sie nach einer Party eine 15-Jährige mit ihrem 17-jährigen Freund in Ihrem Haus gemeinsam in einem Zimmer übernachten lassen und diese dann schwanger wird? Nach dem Sexualstrafrecht könnten die Eltern des Mädchens Sie dafür haftbar machen, dass Sie günstige Gelegenheiten gewährt haben (§ 180 Abs. 1 Abschnitt 2).

Viele Jungen und Mädchen wollen auch gerne nach einer Geburtstagsfeier gemeinsam in einem Raum übernachten. »Was soll denn da passieren, wenn die alle zusammen sind?«, hört man die Eltern dann miteinander reden. Abgesehen davon, dass einige Erwachsene zugeben, ihre ersten sexuellen Erfahrungen gerade bei solchen Gelegenheiten gemacht zu haben, hat der Gesetzgeber dazu ganz klare Richtlinien. Sie lauten, dass ich mich bei Kindern bis zum 16. Lebensjahr strafbar mache, wenn ich solche Gelegenheiten schaffe.

Zu Ihrem eigenen und zum Schutz der Kinder rate ich davon ab.

Das Sexualstrafrecht vom 1.4.1998 im Überblick

Unter sexuellem Missbrauch wird jede sexuelle Handlung von erheblicher Bedeutung verstanden.

Bis 14 Jahre	14-16 Jahre	bis 18 Jahre	Über 18 Jahre
§ 176 StGB:	§174 StGB	§174 StGB Abs.1 Nr.1; Abs.2+3	§177
sexueller Missbrauch von Kindern	sexueller Missbrauch von Schutzbefohlenen	sexueller Missbrauch von Schutzbefohlenen unter Ausnutzung des Abhängigkeitsverhältnisses	Sexuelle Nötigung und Vergewaltigung
Strafbar ist:	Strafbar ist:	Strafbar ist:	Strafbar ist:
Jede sexuelle Handlung, die an dem Kind vollzogen wird.	Jede sexuelle Handlung, die an einem Schutzbefohlenen vollzogen wird.	Jede sexuelle Handlung, die an einem Schutzbefohlenen vollzogen wird.	Sex, Nötigung und Vergewaltigung
Jede sexuelle Handlung, die man von dem Kind an sich machen lässt.	Jede sexuelle Handlung, die man von dem Schutzbefohlenen an sich machen lässt.	Jede sexuelle Handlung, die man von dem Schutzbefohlenen an sich machen lässt.	

Strafbar ist:	Strafbar ist:	Strafbar ist:	Strafbar ist:
Jede Aufforderung, sexuelle Handlungen an Dritten zu vollziehen.	Jede Aufforderung, dass der Schutzbefohlene sexuelle Handlungen an sich selbst vollzieht.	Jede Aufforderung, dass der Schutzbefohlene sexuelle Handlungen an sich selbst vollzieht.	
Jede Aufforderung, dass das Kind sexuelle Handlungen an sich selbst vollzieht.	Jede sexuelle Handlung, die vor dem Schutzbefohlenen vorgenommen wird.	Jede sexuelle Handlung, die vor dem Schutzbefohlenen vorgenommen wird.	
Jede sexuelle Handlung, die vor dem Kind vorgenommen wird.	jeder Versuch	jeder Versuch	
Jeder Kontakt mit pornografischem Material			
Jedes Reden über Pornografie			
jeder Versuch			
	§180 StGB Abs 1 Förderung sexueller Handlungen Minderjähriger	§180 StGB Abs 3 Förderung sexueller Handlungen Minderjähriger	
	Fördern, vermitteln, gewähren und verschaffen von Gelegenheiten sex. Handlungen Minderjähriger	Förderung sex. Handlungen Minderjähriger durch Missbrauch der mit dem Schutzverhältnis verbundenen Abhängigkeit	
	Förderung sex. Handlungen Minderjähriger durch Missbrauch der mit dem Schutzverhältnis verbundenen Abhängigkeit		
	jeder Versuch	jeder Versuch	
	§182 Abs. 2		
	Verführen einer Person unter 16 Jahren zum Beischlaf		

Kapitel 10

Sexualkundeunterricht in Schule und Jugendgruppe

Ideen und Vorschläge für den Ablauf

Eisbrecher, um ins Gespräch zu kommen

Sketch: Hauptsache süß

Spielen Sie folgenden Sketch: Bitten Sie drei verschiedene Jugendliche unterschiedliche Menschen zu spielen und besorgen Sie eine Pralinenschachtel, auf der auch der Inhalt der Pralinen beschrieben wird.

Der Wählerische

Der Erste sagt auf die Einladung sich doch eine Praline zu nehmen: »Ich möchte erst mal auf der Packung genau nachschauen, was in den einzelnen Pralinen drin ist. Ich nehme nicht jede. Ich suche etwas mit Krokant. Wenn da kein Krokant dabei ist, esse ich lieber keine.« Nach längerem Suchen findet er eine und isst sie genüsslich.

Der Wahllose

Der Zweite greift wahllos hinein nach dem Motto: »Ich esse alles, Hauptsache süß!«, und nimmt gleich zwei auf einmal.

Der Verführbare

Der Dritte wehrt zunächst ab und erklärt: »Ich bin auf Diät. Ich habe mir vorgenommen, einen Monat lang keine Süßigkeiten zu essen.« Daraufhin versuchen Sie ihn zu verführen mit den Worten: »Das kannst du mir nicht antun, ich habe sie extra für dich gekauft!« Oder: »Einmal ist keinmal.« Sie versprechen ihm, ihn nicht zu verraten, wenn er schwach wird. Am Ende nimmt er eine und versteckt sich.

Erläuterung

Dieser Sketch soll den Jugendlichen verdeutlichen, dass manche genaue Vorstellungen von einem Mädchen oder einem Jungen haben, mit dem sie befreundet sein wollen und andere wiederum sagen: »Hauptsache, eine Freundin. Es ist cool eine Freundin zu haben oder sagen zu können, dass man schon mit einer geschlafen hat.« Sie machen sich keine großen Gedanken über die Folgen. Aber auch die Menschen, die feste Vorsätze haben, sind verführbar.

Bestandsaufnahme anhand eines Fragebogens

Im Biologie- oder auch im Religionsunterricht steht das Thema Partnerschaft und Sexualität immer wieder auf dem Stundenplan. Die nachfolgenden Kopiervorlagen können Sie besonders gut in den Klassen 6–10 einsetzen. Fangen Sie mit dem Fragebogen zu Freundschaft, Liebe und Sexualität an, mit dem sich die Schülerinnen und Schüler ca. 10–15 Minuten jeder für sich beschäftigen. Erklären Sie den Jugendlichen vorher, dass die Bögen nicht eingesammelt und benotet werden, damit sie auch ganz ehrlich sein können. Vielleicht können Sie auch anregen, die Fragebögen zu Hause aufzubewahren und sie nach zwei oder mehr Jahren noch einmal anzusehen. Es ist dann oft interessant zu lesen, welche Gedanken, Wünsche und Sehnsüchte man als 12- bis 16-Jähriger hatte. Die Antworten auf die Fragen können auch im Lauf der Unterrichtsstunden mit einfließen, wobei auch sehr wichtig ist, vorher anzumerken, dass Auskünfte zu dem Thema freiwillig sind. Das Gebiet ist so sensibel, dass die Intimsphäre respektiert werden muss.

Ziele in einer Partnerschaft formulieren

Im Vergleich mit der Berufswahl könnte man nun verdeutlichen, dass es gut ist, auch für Beziehungen Ziele und Wünsche zu formulieren. Überlegen Sie mit den Schülern, ob eine glückliche Sexualität in einer stabilen Partnerschaft / Ehe ein Ziel sein könnte. Daran schließt sich die Frage an, inwiefern mein Umgang mit Freundschaft, Liebe und Sexualität Auswirkungen auf meine spätere Ehe haben kann und was man heute schon dafür tun kann, damit eine Freundschaft gelingt.

Fähigkeiten erarbeiten, die für eine Beziehung wichtig sind

Teilen Sie die Jugendlichen in 9 Gruppen à 2-5 Leute ein und bitten Sie, dass jede Gruppe eine Fähigkeit versucht zu beschreiben und darüber nachzudenken, wie man sie erlangen kann, wenn man sie nicht hat. Anschließend könnte jeweils einer aus der Gruppe den anderen die Ergebnisse der Gruppe vortragen. Zur Vertiefung erhält jeder Schüler ein Polarisationsprofil und ein Blatt mit den Fragen zu den Fähigkeiten. Nachdem sie sich selbst beurteilt haben, gibt es noch die Gelegenheit, den Freund /die Freundin eine Einschätzung vornehmen zu lassen. Idealerweise würde man zu ähnlichen Ergebnissen kommen. Anschließend könnte man noch kurz Gelegenheit geben, sich über die Beurteilungen auszutauschen.

Das Dreieck der Liebe erklären

Erklären Sie den Schülern das Dreieck der Liebe. Ermutigen Sie sie, ein gutes Fundament an freundschaftlicher Liebe zu bauen und sich zu prüfen, wie stark die Liebe trägt, wenn Enttäuschungen oder Zeiten der Trennung kommen. Versuchen Sie, ihnen zu helfen, dem Verliebtsein und der sexuellen Liebe den richtigen Stellenwert zu geben.

Für den Einfluss der Medien sensibilisieren

Diskutieren Sie, welchen Einfluss die Umwelt auf unsere Einstellung zur Partnerschaft haben kann und stellen Sie einige Beispiele aus der Werbung vor. Je nachdem wie viel Zeit Sie haben, ist es für die Jugendlichen auch sehr interessant, darüber nachzudenken, wie sich die Moralvorstellungen in den letzten 50 Jahren verändert haben, was man unter der 68-er Generation versteht und welche Auswirkungen die Einführung der Antibabypille 1960 hatte.

Die Wichtigkeit der Reife des Einzelnen verdeutlichen

»Warum darf man erst mit 18 Jahren heiraten?« oder »Warum darf man erst mit 18 Jahren den Führerschein machen?«, sind interessante Fragen für eine Gruppenarbeit, mit dem Ziel, die Schüler dafür zu sensibilisieren, dass man eine gewisse Reife braucht, um den Führerschein zu machen und zu heiraten. In beiden Fällen trägt man nicht nur für sich die Verantwortung, sondern auch für andere Menschen.

Pro und Kontra – Argumente für Geschlechtsverkehr unter Teenies diskutieren

Bitten Sie zwei Schüler an die Tafel. Der eine soll die Pro-, der andere die Kontra-Argumente von Geschlechtsverkehr unter Teenagern aufschreiben, die die Mitschüler nennen. Weitgehend ohne Kommentar wird erst einmal alles aufgeschrieben.

Referieren Sie dann die Argumente, die gegen Geschlechtsverkehr unter Teenies sprechen. Die Zusammenfassung der Argumente: »Heb dich für die

Richtige/den Richtigen auf« können Sie vor dem Referieren oder hinterher austeilen. Diskutieren Sie mit den Schülern, welche Pro-Argumente unter Berücksichtigung des gemeinsam herausgearbeiteten Zieles - einer erfüllten Sexualität in einer stabilen Partnerschaft - noch Bestand haben können.

Tipps für Teenies auf dem Weg in eine stabile Partnerschaft
Zum Abschluss könnten Sie noch das Blatt mit den »Tipps für Teenies auf dem Weg in eine stabile Partnerschaft« durchsprechen.

Bibelstellen zu dem Thema für den Religionsunterricht
Im Religionsunterricht bespricht man immer wieder in verschiedenen Klassen das Thema Freundschaft, Liebe, Sexualität - drei zentrale Bereiche zwischen Mann und Frau, die Gott sehr am Herzen liegen. Was wollen Sie als Lehrerinnen und Lehrer den Schülern vermitteln? Von Anfang an war es Gottes Konzept, dass die Menschen erfüllte, tiefe Gemeinschaft untereinander und mit ihm haben sollten. Ehe ist seine Idee. Er schuf den Menschen als Mann und Frau. In der Bibel finden wir Hilfen und Richtlinien zum Umgang miteinander. Sehr offen werden die Sehnsüchte, Wünsche und Nöte der Menschen auch auf sexuellem Gebiet geschildert.

Vielleicht können Sie die Schüler dazu motivieren, nachfolgende Fragen anhand von Bibelstellen zu erforschen:

- Steht überhaupt in der Bibel, dass man bis zur Ehe mit dem Geschlechtsverkehr warten soll?
- Warum will Gott, dass die sexuelle Liebe in die Ehe gehört?
- Gibt es Hilfen, die es uns leichter machen, dieses Gebot zu halten?

Oder Sie könnten das Blatt mit den Bibelstellen austeilen, die Schülerinnen und Schüler bitten, sich alle Bibelstellen durchzulesen und nachher über die Aussagen zu diskutieren. Man könnte auch fragen: »Welche Bibelstelle spricht euch besonders an?«

Was sagt die Bibel zu Freundschaft, Liebe und Sexualität?

Sexualität im Alten und Neuen Testament

2. Mose 22,15: »Wenn ein Mann ein unberührtes Mädchen verführt, das noch nicht verlobt ist, muss er den Brautpreis bezahlen und sie heiraten« (vgl. auch 5. Mose 22,13-21).

5. Mose 22,13ff.: »Wenn jemand (ein Ehemann) seiner Ehefrau etwas Schändliches zur Last legt und ein böses Gerücht über sie bringt, in dem er sagt: als ich mit dieser Frau die Ehe vollziehen wollte, stellte sich heraus, dass sie nicht mehr unberührt war ...«

2. Samuel 13,18: »Und sie hatte ein Ärmelkleid an, denn solche Kleider trugen des Königs Töchter, solange sie Jungfrauen waren.«

1.Thessalonicher 4,3-5: »Denn das ist der Wille Gottes, eure Heiligung, dass ihr meidet die Unzucht und ein jeder von euch seine eigene Frau zu gewinnen suche in Heiligkeit und Ehrerbietung, nicht in gieriger Lust wie die Heiden, die von Gott nichts wissen.«

Matthäus 5,28: »Ich aber sage: Wer eine Frau auch nur mit einem Blick voller Begierde ansieht, hat im Herzen schon mit ihr die Ehe gebrochen.«

2. Samuel 13,1-22: Geschichte von Amnon und Tamar.

Gottes Rat für Jugendliche

Hohelied 2,7; 3,5; 8,4: »Ich beschwöre euch, ihr Töchter Jerusalems ..., dass ihr die Liebe nicht aufweckt und nicht stört, bis es ihr selbst gefällt.«

Hiob 31,1ff.: »Ich hatte einen Bund gemacht mit meinen Augen, dass ich nicht lüstern blickte auf eine Jungfrau.«

Sprüche 4,23: »Vor allem aber behüte dein Herz, denn dein Herz beeinflusst dein ganzes Leben.«

Epheser 5,31: »Deshalb wird ein Mann Vater und Mutter verlassen und sich an seine Frau binden und die beiden werden zu einer Einheit.«

Fragebogen zu Freundschaft, Liebe und Sexualität

Willst du heiraten? Wenn ja, mit wie viel Jahren?
Möchtest du Kinder haben? Wenn ja, wie viele?

Welche Eigenschaften sollte deine Partnerin / dein Partner haben?

Ist es wichtig, welchen Beruf deine Partnerin / dein Partner haben wird?

Hast du Vorbilder für gute Ehen? Was gehört für dich zu einer guten Ehe?

Wie würdest du Verliebtsein definieren? Glaubst du, dass Verliebtsein wahre Liebe ist?

Kann man ein Leben lang treu sein? Was ist Treue? Ist Treue ein Gefühl oder eine Entscheidung?

Was spricht für Geschlechtsverkehr unter Jugendlichen (14-17Jahre)?

Welche Argumente hast du gegen Geschlechtsverkehr unter Jugendlichen?

Warum werden Mädchen heute noch schwanger, obwohl Jugendliche so gut aufgeklärt sind?

Was ist für dich Abtreibung? Welche Folgen kann es während oder nach dem Eingriff geben?

Welche Krankheiten kennst du, die durch Geschlechtsverkehr übertragen werden?

Polarisationsprofil zu Selbstwertgefühl und eigenen Fähigkeiten

Selbstwertgefühl	①	②	③	④	⑤
Guter Umgang mit Gefühlen	①	②	③	④	⑤
Kommunikationsfähigkeit	①	②	③	④	⑤
Konfliktfähigkeit	①	②	③	④	⑤
Anpassungsfähigkeit	①	②	③	④	⑤
Gemeinschaftsfähigkeit	①	②	③	④	⑤
Entscheidungsfähigkeit	①	②	③	④	⑤
Verantwortungsgefühl	①	②	③	④	⑤
Fähigkeit zum Verzicht	①	②	③	④	⑤

1 = diese Fähigkeit ist in besonderem Maße vorhanden

2 = diese Fähigkeit ist gut entwickelt

3 = diese Fähigkeit ist durchschnittlich ausgebildet

4 = diese Fähigkeit ist weniger gut entwickelt

5 = diese Fähigkeit ist nicht ausgebildet

Selbstwertgefühl und Fähigkeiten entwickeln

1. **Gesundes Selbstwertgefühl entwickeln**
   Habe ich ein gutes Selbstwertgefühl? Kenne ich meine Stärken und Schwächen?
2. **Guter Umgang mit meinen Gefühlen**
   Habe ich gelernt, mit Wut umzugehen oder werde ich handgreiflich, wenn man mich reizt? Habe ich meine Zunge im Griff? Kann ich auch mal weinen? Nehme ich meine Gefühle wahr?
3. **Kommunikationsfähigkeit**
   Kann ich mich so ausdrücken, dass andere verstehen, was ich denke und fühle? Kann ich gut zuhören?
4. **Konfliktfähigkeit**
   Kann ich fair streiten? Fühle ich mich schnell verletzt und ziehe mich dann zurück oder kann ich Konflikte aushalten und bis zu einer Lösung diskutieren?
5. **Anpassungsfähigkeit**
   Wie schnell kann ich mich auf veränderte Situationen einstellen? Wie verhalte ich mich, wenn ungeplante Dinge passieren, eine Verabredung platzt oder ich zusätzliche Arbeiten übernehmen muss? Wie geht es mir auf Klassenfahrten?
6. **Gemeinschaftsfähigkeit**
   Bin ich gerne mit anderen Menschen zusammen? Kann ich auf Fremde zugehen? Sehe ich die Nöte der anderen, kann ich mich ein- und unterordnen?
7. **Entscheidungsfähigkeit**
   Kann ich gut Entscheidungen treffen oder begleitet mich der Satz: »Es ist mir egal«?
8. **Verantwortungsbewusstsein**
   Übernehme ich Verantwortung für eine Gruppe oder lasse ich die anderen immer vor? Denke ich mit, wenn z. B. ein Geschenk für einen Lehrer oder Zivildienstleistenden gesucht wird? Bin ich bereit, mich zum Klassensprecher wählen zu lassen oder sage ich immer: »Das kann ich nicht«?
9. **Fähigkeit zum Verzicht**
   Kann ich verzichten oder muss ich alles möglichst sofort haben?

Heb dich für die Richtige / den Richtigen auf!

- Das Ausleben der Sexualität setzt eine gewisse Reife voraus.
- Eine Jungfrau / ein junger Mann ist wie eine noch nicht geprägte Münze. Der erste Geschlechtsverkehr kann die Münze unvergesslich prägen.
- Man macht sich sehr verletzlich.
- Es besteht die Gefahr, benutzt zu werden und den anderen zu benutzen.
- Es kann passieren, dass man die Ganzheit des Menschen aus dem Auge verliert und sich aufspaltet.
- Der Geschlechtsverkehr kann die Kommunikation und das Sich-Kennenlernen blockieren.
- Durch den Geschlechtsverkehr entsteht eine starke Bindung zwischen zwei Menschen.
- Das Mädchen kann schwanger und der Junge Vater werden.
- Ungewollte Schwangerschaften führen oft zu Abtreibungen. Spätfolgen von Schwangerschaftsabbrüchen können Depressionen, Schuldgefühle und Unfruchtbarkeit sein.
- Es besteht die Gefahr, sexuell übertragbare Infektionen zu bekommen: Gonorrhoe, Syphilis, Trichomoniasis, Herpes-, Chlamydien-, Pilz- und HIV-Infektionen, Hepatitis B und C.
- Durch aufsteigende Infektionen kann man unfruchtbar werden.
- Man nimmt über Jahre Verhütungsmittel, die Nebenwirkungen haben können.
- Man kann bindungslos werden.
- Man kann sexsüchtig werden.
- Enthaltsamkeit gehört zu einer erfüllten Sexualität dazu.
- Gläubige Menschen unterschiedlicher Religionen glauben, dass Gott den Geschlechtsverkehr für die Ehe geschaffen hat.

Tipps für Teenager auf dem Weg in eine stabile Partnerschaft

- Lerne dich selbst kennen; entdecke deine Stärken und Schwächen.
- Lass deinem Körper und deiner Seele die nötige Zeit, erwachsen zu werden.
- Entfalte Fähigkeiten, die für das Leben in Beziehungen wichtig sind.
- Entdecke die Unterschiedlichkeit von Mann und Frau.
- Suche dir gute Vorbilder.
- Behandele die Menschen so, wie du gerne behandelt werden willst. Der Mensch erntet, was er sät.
- Achte die Menschen als Geschenke an dich; benutze sie nicht, um Erfahrungen zu sammeln oder Techniken auszuprobieren.
- Lass dich nicht erpressen.
- Nimm dich ernst. Achte auf deine Gefühle und dein Gewissen.
- Schlafe erst mit einem Menschen, wenn du ihn sehr gut kennen gelernt hast.
- Schlafe nur mit dem Menschen, mit dem du auch ein Kind großziehen kannst.
- Du bist wertvoll, heb dich für den Richtigen / die Richtige auf.

Kapitel 11

Wann beginnt Ehe und was ist Ehe?

Unsere Gesellschaft hat sich daran gewöhnt, dass man einfach so ohne Hochzeit zusammenlebt. Die Älteren machen es, um ihre Witwenrenten zu behalten, was ihnen eine gewisse Unabhängigkeit gibt, und die Jungen, weil sie Ehe ausprobieren oder erst nach der abgeschlossenen Ausbildung heiraten wollen. Nachvollziehbare Gründe findet man viele.

Oft hört man das Argument: »Eigentlich sind wir auch ohne Standesamt verheiratet. Es kommt doch nur darauf an, dass wir uns gegenseitig ein Versprechen geben.« Oder: »Wir fühlen uns wie verheiratet.«

Manche fragen sich auch: Wann beginnt denn Ehe? Auf dem Standesamt? In der Kirche? Oder wenn wir das erste Mal miteinander geschlafen haben?

Ganz Spitzfindige bringen noch andere Kulturen mit in die Diskussion ein und sagen, dass es ja überall anders gehandhabt wird, mal mündlich per Handschlag, mal schriftlich mit einem Vertrag.

Interessanterweise sprechen die gleichen Menschen, die meinen, sie seien auch ohne Standesamt verheiratet, aber nicht von Scheidung, wenn sie wieder auseinander gehen, was ja eigentlich logisch wäre.

Ehe beginnt auf dem Standesamt

Ehe[46] ist die rechtlich anerkannte Verbindung von Mann und Frau zu einer dauerhaften Lebensgemeinschaft.

In Deutschland ist klar definiert, dass eine Ehe auf dem Standesamt mit dem Ja auf die Fragen des Standesbeamten beginnt: »Willst du, Irene Müller Klaus Meier zu deinem dir rechtlich angetrauten Ehemann nehmen?« und »Willst du, Klaus Meier, Irene Müller zu deiner dir rechtlich angetrauten Ehefrau nehmen?« Die Antwort muss vor dem Standesbeamten erfolgen. Anschließend unterschreiben die Eheleute und der Standesbeamte das Dokument. Die Eheschließung ist ein öffentlicher Akt, kein Geheimbund zwischen zwei Menschen, der verborgen bleiben kann.

Als gläubiger Mensch kann ich zwar sagen, dass mir die kirchliche Hochzeit mehr bedeutet und ich mich ohne Gottes Segen nicht verheiratet fühle, aber an der Tatsache, dass die Ehe bei der standesamtlichen Heirat beginnt, lässt sich nichts ändern.

Was ist Ehe?

Die Ehe ist ein Bund zwischen Mann und Frau. Sie basiert auf der vor Zeugen ausgesprochenen Entscheidung zur lebenslangen Treue und Hingabe. Sie ist ein lebenslanger Stand, in dem ich mich bis zum Tod oder meinem Schlussstrich durch die Scheidung befinde. Ehe ist ein lebenslanger Prozess, ein täglich sich vom anderen entfernen und wieder neu auf ihn zugehen. Ehen, die gelingen, nehmen das Versprechen zur Hingabe aneinander in guten und in schlechten Zeiten sehr ernst. Sie wissen um ihre eigenen Schwächen und Stärken.

Für Christen ist die Ehe keine menschliche Erfindung, sondern Gottes Idee. Sie erbitten Gottes Segen für ihren gemeinsamen Weg und bitten ihn der Dritte im Bund zu sein. In Prediger 4,9-12 steht: *»... Einer mag überwältigt werden, aber zwei können widerstehen, und eine dreifache Schnur reißt nicht leicht entzwei.«* Christen vertrauen auf Gottes Führung und Wegweisung. Wenn es zu Krisen kommt, glauben sie, dass Gott sie hindurchführt und ihnen hilft, zu vergeben und um Vergebung zu bitten. Sie erfahren immer wieder, wie Gott ihnen neue Liebe für den Ehepartner gibt. Die Ehe ist nach Eph 5,32 ein Geheimnis, das man nicht ausprobieren, nur erleben kann. Durch das Eheversprechen ist man gebunden und dieser Bund wird durch den Geschlechtsverkehr zur Einheit.

Wer ist scheidungsimmun?

Der Soziologe Hartmut Esser[47] schreibt, dass für scheidungsimmune Menschen Folgendes typisch sei:

- die kirchliche Heirat als stärkster Faktor, da das zeigen würde, dass sich die Eheleute nicht als Individuen sehen würden, sondern als kollektive Einheit.
- Kinderwunsch.
- Geschmack und Einstellungen, die zueinander passen.
- Akzeptanz des Partners vom eigenen Umfeld.

Später kämen noch

- gemeinsames Eigentum,
- gemeinsame Erinnerungen und
- viele gemeinsame Freunde und Bekannte hinzu, die die Ehe stabilisieren.

Wenn Ehen die oben beschriebenen Kriterien erfüllen würden, nennt er die Ehen gut gerahmte Beziehungen.

Solche Paare hätten

- weniger schwere Ehekrisen,
- weniger Seitensprünge
- und würden in der Eigenbeurteilung ihre Ehe als gut bis sehr gut bewerten.

Sein Rat an junge Paare

- Macht keinen Ehevertrag.
- Zögert nicht.
- Geht für den anderen erkennbar ein Risiko ein.
- Zeigt euch, dass ihr euch auf den anderen verlassen könnt.
- Zeugt mehrere Kinder.
- Investiert in gemeinsames Eigentum.
- Startet gemeinsame Projekte.
- Verbringt viel Zeit miteinander.
- Habt viele gemeinsame Freunde.

Anhang

Anmerkungen

[1] Schäfer, Anja, Respect! Wie viel Haut soll sein, Serie Liebe, Sex und Körperkult, Teensmag, 06/04, S. 40-41, Bundesverlag, Witten
[2] Gresh, Dannah, Modisch oder männermordend, Lydia, 2/2004, S. 20-22
[3] Claudia und Eberhard Mühlan, Vergiss es, Mama, Schulte und Gerth Verlag, S. 2-3
[4] Dr. Tennov, Dr. Peck, in: Gary Chapman, Die fünf Sprachen der Liebe, Francke Verlag 1994, S. 24-25
[5] Wünsche für das Rentenalter, Worauf die Deutschen nicht verzichten wollen, Quelle Commerzbank/Emnid-Umfrage
[6] Rainer Langhans, in: »Conrad und Co«, ZDF, Kein Sex vor der Ehe?
[7] Wahre Liebe wartet, Postfach 62, 73555 Mutlangen, Hotline 06254/37191, www.wahreliebewartet.de
[8] Rainer Langhans, in: »Conrad und Co«, ZDF, Kein Sex vor der Ehe?
[9] Günther Klemhauer, Mein Gott warum?, Brockhaus TB 418, 1988, S. 111
[10] Best of Web bestofweb@funkytimes.com vom 31.1.01
[11] Hyan-Ho Cha, Nackte Bild-Tatsachen bleiben ohne Nachspiel, Hier und Heute, WZ, 13.11.2002
[12] Dominik Klenk, Abgekocht wie die Frösche, Ethos 5/2004
[13] www.machsmit.de Tel. 0221892031
[14] www.seitensprung.net, www.seitenspruengli.ch
[15] Kurse in der Minneschule, WAZ, 13.7.02
[16] www.bundesregierung.de/Gesetze, Paragraph 1, Artikel 3, Gleichheit vor dem Gesetz
[17] www.wahreliebewartet.de, Wahre Liebe wartet. Postfach 62, 73555 Mutlangen, Hotline 06254/37191
[18] Bernhard Schlink: Der Vorleser, Diogenes-Verlag, ISBN 3 257 22953 4
[19] Schwanger schon mit 14 Jahren, Allgemeine Zeitung, Mainz, Anfang September 2002
[20] 20 000 Minderjährige werden jährlich schwanger (kaha/mhs), Westdeutsche Zeitung, 3.2.2004
[21] 20 000 Minderjährige werden jährlich schwanger (kaha/mhs), Westdeutsche Zeitung, 3.2.2004
[22] Testament kurz gefasst, S.10-11

[23] info@der-durchblick.de, www.embryonenoffensive.de, Embryonenoffensive, Thomas Schührer, Dossentalstr. 26, 76646 Bruchsal, Tel. 07251/359181, Fax 07251/359182

[24] www.kaleb.de

[25] www.schreeuwomleven.nl

[26] www.netdoktor.at/sex_partnerschaft, Sexuell übertragbare Krankheiten

[27] WZ (Westdeutsche Zeitung), 31.1.2000

[28] www.rauchfrei.de, www.tabakfrei.de

[29] AIDS-Risiko: Irrglaube bei Jugendlichen, Westdeutsche Zeitung, 18.11.2002

[30] 1500 neue HIV-Infizierte 2002 in Deutschland, Ärzte-Zeitung 4/2003

[31] Troja, Marion: HIV: Mitten im Leben steht plötzlich alles still, Westdeutsche Zeitung 30.11.2002

[32] Troja, Marion: HIV: Mitten im Leben steht plötzlich alles still, Westdeutsche Zeitung, 30.11.2002

[33] AIDS-Infizierter wegen Ansteckung verurteilt, Westdeutsche Zeitung, 15.10.2003

[34] Undichte Kondome in Japan, Westdeutsche Zeitung, 11.4.1998

[35] »Verhüter« mit kleine Fehlern, Westdeutsche Zeitung, ca. 1998

[36] Prof. Dr. Lars Weström, Abteilung für Geburtshilfe und Gynäkologie, Universitätsklinik Lund, Schweden, Medical Tribune, Klinikausgabe Nr. 11/12, 15.6.1993

[37] Mechthild Schulze-Hagen: Unfruchtbar durch Bakterien, Rheinische Post, 21.2.05

[38] www.medizin.de, Antibabypille

[39] www.britannica.com, Raymond Pearl, 1879 - 1940

[40] Rainer Langhans, in: »Conrad und Co«, ZDF, Kein Sex vor der Ehe?

[41] Ute Horn, Von Wünschen und Träumen - ein außergewöhnliches Mütter-Töchter-Wochenende, Faltblatt: Familie Konkret, Team F, 5/2003

[42] Claus J. Hartmann, Winfried Hahn, Damit die Seele heil wird, Hänssler Verlag 2003, Die Eltern-Kind-Beziehung / Heilend oder krank machend. S. 225 ff.

[43] Claus J. Hartmann, Winfried Hahn, Damit die Seele heil wird, Hänssler Verlag 2003, Schutz der Intimsphäre / Der vergessene Aspekt der sexuellen Revolution S. 66 ff.

[44] Vgl. hierzu: K. R. Mühlbauer, Sozialisation, München 1980, UTB, S. 56

[45] Brennpunkt Seelsorge, Leben lernt man vor der Ehe, Teil 1, S. 71 in gekürzter Form, ISSN 0171-5666, Christen in der Offensive e.V., Postfach 1220, 64382 Reichelsheim

[46] Meyers großes Taschenlexikon

[47] Hartmut Esser, Professor für Soziologie an der Universität Mannheim: Kein Ehevertrag! Mehrere Kinder, Fokus 10/2003

Literatur / Medien

BÜCHER

- Claus J. Hartmann / Winfried Hahn, Damit die Seele heil wird, Hänssler 2003, ISBN 3-7751-4034-4
- Ute Horn, Ich will dir treu sein, Schulte und Gerth Verlag, ISBN 3-89437-993-6
- Gary Chapman, Die fünf Sprachen der Liebe, Francke Verlag, ISBN 3-86122-126-8
- Prof. Dr. med. Josef Rötzer, Der persönliche Zyklus der Frau, Herder, ISBN 3-451-26885-X
- Sylvia Renz, Sammelband 1, Auf dem Weg nach Nirgendwo?, Mit dir bis ans Ende der Welt, Schulte und Gerth Verlag, ISBN 3-89437-729-1
- Sylvia Renz, Sammelband 2, Wie eine Wolke im Wind, Und der Himmel ist so nah, Schulte und Gerth Verlag, ISBN 3-89437-730-5

BROSCHÜREN

- Anke Leitzinger, Unsere Kinder schützen, Christliche Pfadfinderschaft Royal Rangers, An de Krütpasch 9, 47661 Issum
- Jugendsexualität, 2001, Herausgeberin: Bundeszentrale für gesundheitliche Aufklärung, Postfach 910152, 51017 Köln, Bestellnr. 13316000, ISBN 3-933191-75-0, TNS Emnid Bielefeld, Empirische Sozialforschung

Internet-Adressen

www.medizin.de
www.netdoktor.at
www.embryonenoffensive.de
www.wahreliebewartet.de